U0067416

爸爸

媽媽

孩子

手語

親子手語
入門完全手冊

 社團法人 **台灣手語翻譯協會** 主編
Taiwanese Association of Sign Language Interpreters

 心理出版社

——— 目 次 ———

——— 作者群 ———

主　　編　　社團法人台灣手語翻譯協會

總 策 劃　　魏如君

教學設計　　林慧芳、高鳳鳴、魏如君

內文撰稿　　李信賢（語言學博士手語翻譯員）

　　　　　　黃玉枝（國立屏東大學特殊教育學系教授）

　　　　　　劉秀丹（國立台灣師範大學特殊教育學系副教授）

　　　　　　羅淑珍（台中澄清醫院兒童發展中心語言治療師）

　　　　　　林慧芳（親子手語及口語早療教師）

　　　　　　林淑芬（財團法人雅文兒童聽語文教基金會聽力師）

　　　　　　魏如君（社團法人台灣手語翻譯協會理事長）

美編設計　　小凱、沈素梅

插　　畫　　陳淑玲、沈素梅

平面攝影　　陳濂僑、盧珈維、洪文廣

影片製作　　陳立育

資料編輯　　莊又蓉、林琬穎、高玉璽

成人手語示範　陳濂僑、陳麗娟

兒童手語示範　采蓉、林誠、林謹、千媛、守謙、凡勝、馨云、莓子、桃子、

　　　　　　采依、昱謙、苡甯、苡瑭、炫亨、巧樂、姵棋、宥瑄、秄恣、

　　　　　　心愉、蒜蒜、薑薑、翔、婷

拍攝協助　　李依韋、林麗媚、辣辣

感謝親子手語相關計畫補贊助單位

文化部、衛生福利部社會及家庭署、臺北市政府社會局

臺北市立啟聰學校、財團法人華科事業群慈善基金會

財團法人立信社會福利慈善事業基金會、聽見旅行

社會創新實驗中心、國立臺灣師範大學特殊教育中心

—— 序 ——

每個人學手語的動機或許不太一樣，但是每一位學習手語的翻譯員，肯定都有著一顆用手語助人的初心！

記得 2017 年台灣手語翻譯協會剛成立時，我們便雄心壯志的想為手語翻譯和聽障朋友開創各種資源，然而同時間對於手語需求的聲音，我們聽見最多的竟然是來自聽損孩童的家長和早療從業人員。

台灣新生兒的先天性聽損發生率約為千分之三至四，隨著聽覺輔具科技的快速發展，學習口語已取代手語成為聽損兒的早療主流。但是，口語真的能夠完全取代手語對聽損孩童的幫助嗎？至少以目前的科技而言，聽覺輔具還是有它的侷限性，而單靠口語的單一語言輸入模式，很可能讓聽損孩童錯失了語言學習的黃金時期！

和口語相比，手語具備了豐富的視覺性和空間性，更有助於聽損孩童的學習認知與溝通表達能力。近年來，愈來愈多與聽語治療相關的國內外案例都證明，手語不但不會影響聽損孩童的口語發展，甚至還有助於口語學習。國外更有研究證實，學習手語對於刺激幼兒智能發展、增加自信心，以及親子關係，都有很大的幫助！

可惜的是，巧婦難為無米之炊，即使我們知道聽損孩童學習手語有這麼多的好處，但國內在聽損孩童的手語學習教材和學習管道，卻是「幾近於無」。有鑑於此，協會在 2018 年除了自力出版了一套生動有趣的《嬰幼兒手語溝通圖卡》外，也向臺北市政府社會局申請補助辦理「嬰幼兒手語遊戲班」，並引起廣大迴響。

接著，為了提供聽損家庭手語學習交流的環境，協會在臺北市政府社會局持續的經費支持下，於 2019 年開辦了「親子手語故事屋」至今，希望以聽損孩童為核心，將手語推展到父母、手足，以及周邊的人（本書

的手語示範者皆是「親子手語故事屋」的小朋友）。此外，協會也向衛生福利部社會及家庭署提送計畫，辦理「家長與早療教師手語應用增能活動」，以及跨界與台灣聽力語言學會合作辦理「手語介入在聽損早療之成效」研討會，進一步創造聽損孩童的手語友善社會。

滴水成河，令人欣慰的是，經過一連串的努力後，有不少聽損孩童的家長與早療專業人員，開始認同將手語納入聽損或身障孩童的早療觀念，並且開始主動積極學習手語，以協助聽損孩童能夠以雙語（口語＋手語）更有效的與人溝通。

在此，我要萬分感謝協會所有聽人、聾人老師們對於親子手語的開創、耕耘與付出，在這幾年推廣手語的過程中，我們也發現，一本豐富的親子手語教材對於增進手語學習成效，是如此可貴而重要，這也是為何協會如此傾盡全力，積極結合特殊教育教授、專業聽語治療師、語言學博士手語翻譯員、親子手語聾聽教師、插畫美編聾設計師，以及聽損家庭親子等多方人員，合力出版這本親子手語教材書。這本書除了有示意插畫、手語示範、手語語法，以及活動設計和資源建議外，也特別設計了孩童學習手語常見問題的 Q & A，是一本親子手語入門的完全手冊。

我們期許透過這本書的出版，作為冀求建立「口語＋手語」雙語家庭父母的支持後盾，也為台灣建立「手語口語共融」的共榮未來！

魏如君
社團法人台灣手語翻譯協會 理事長

---- 推薦序 1 ----

　　認識如君是在 2016 年慶祝林寶貴老師 80 歲生日暖壽宴，老師當時許了個願望，希望成立推動台灣手語或手語研究的協會，會後就只有如君將這件事情放在心上，積極發起並成立了「台灣手語翻譯協會」。因為有了寶貴老師的共同話題，我們也常聊到一些關於手語和對聽障教育的想法。如君具有驚人的行動力，台灣手語翻譯協會成立近四年，做了很多關於推廣手語、聾人文化及資訊平權的活動，例如：協會在高雄衛武營的「大耳朵五感體驗」、車籠埔斷層保存園區合作拍攝「手遊博物館」手語導覽影片，以及宜蘭傳藝中心友善導覽；也辦理了聾翻譯培訓，讓使用手語的聽損孩童有公平的受教權，並積極協助會員考取手語翻譯證照。

　　近年來，台灣引進了嬰幼兒手語，以及進行雙語教育的研究，發現嬰幼兒學習手語，能夠早期建立良好的溝通基礎及提升認知的能力，大家便開始關注手語對幼兒學習的影響。台灣手語翻譯協會在出版《嬰幼兒手語溝通圖卡》後，也開始在台灣各地辦理親子手語的課程，場場爆滿，突然間感覺手語活絡起來，也看到台灣社會大眾開始對手語的重視。繼手語溝通圖卡後，手語撲克牌、《等一下》手語動動書也接連出版，台灣手語翻譯協會的努力，讓台灣手語被社會大眾看見，發揮「譯心譯意，搭起聾聽一家」的使命。

　　今年春節，如君親自將《等一下》手語動動書送到高雄給我，同時提到親子手語書的構想，也邀請我一起參與架構討論和撰寫部分親職教養 Q & A。本書內容以語意網絡，充實學習者手語的基本詞彙，邀請很多可愛的小模特兒示範，並提供 QR Code 掃描手語影像，且也提供小遊戲的教學活動設計、可參考的教學資源，特別提供話說手語，來描述手語的打法和手語的語言學知識，最後還有一些親職教養的 Q & A。這本書不僅適合親子互動，對社會大眾、語言治療師或者教師，皆是學習手語的最佳教材。

手語是動作語言，也是最優美的語言，過去因多數人對於手語的迷思，讓台灣手語的推廣落後先進國家二、三十年。看到本書的完成，相信在手語和聾文化的領域，台灣又邁進了一大步。

黃玉枝

國立屏東大學特殊教育學系 教授

嬰兒不是生來聰明，而是積極、正向的親子對話，讓他們變聰明。

在《父母的語言》（D. Suskind 著，王素蓮譯）這本書中特別強調，嬰兒的大腦只是半成品，需要透過「父母的親子對話，繼續塑造寶寶強大的學習腦；經常開心的和寶寶互動、講話，父母透過語言傳遞的情感，就能幫助寶寶大腦的發展」，因此我總是告訴我的學生或聽眾：「親子對話是最好的教養！」

然而，在寶寶還不會說話時，情緒及需求不易得到滿足，往往透過哭鬧表達，這可能帶給父母很多焦慮，不知該如何回應寶寶的哭鬧，不知寶寶當下的需求是什麼，進而影響了親子之間的互動。

這時候，手語就是一個非常好用的工具了。它是一種視覺語言，和我們熟知的口說語言有很大的不同，對於尚無法用口語表達的寶寶來說，它可說是上天給予的另一個語言寶物，可以幫助照顧者提早與寶寶雙向互動。對一般典型聽力的寶寶來說，簡單的手語詞彙可以幫助寶寶表達其需求和感受，讓親子關係在更愉悅正向的情境中發展。我的一位學生在我的建議下，在其寶寶七個月左右開始，即加入手語與寶寶互動，大約兩個月後，寶寶開始能夠自主的使用手語詞彙溝通；到了一歲一個月後，漸漸發展出口語，到了一歲六個月時就完全用口語和爸媽溝通。在這段時間，因為使用手語，她和先生更能精準的了解寶寶的需求，寶寶的情緒就顯得很穩定。她說，想到寶寶用胖胖短短的小手「說話」的可愛模樣，真是美好的回憶！

對於聽力有損傷的寶寶來說，父母更需要在孩子聽覺輔具、聽能說話介入尚未就位，或者在等待植入人工電子耳之際，隨時傳遞對孩子的關愛與情感，此時親子手語互動就是最好的方式。許多研究證實，一出生即與父母透過手語互動的聽力損失兒童，在認知、情緒、學業及心智理論的

發展上，明顯優於進入啟聰學校後才學習手語的同學，因此盡早透過手語，不讓聽損家庭的親子互動有空窗期，是非常重要的。

只是大部分的家長都沒有學過手語，難免會有很多的擔心，擔心寶寶學了手語會不會影響口語的學習？且就算有心教寶寶手語，也不知該從何開始。這本《親子手語入門完全手冊》即是一群有心推廣親子手語的夥伴，集合大家的心力，除了請語言學家簡單說明手語的語法特質、特教學者分享聽障兒童的教養觀念和技巧，也請語言治療師分享手語介入後對孩子口語發展的正面影響，更透過可愛的小朋友示範許多實用的手語詞彙，還提供許多教導寶寶學習手語的有趣活動。因此，這本書不只可從觀念上翻轉父母對手語的擔心，也可讓父母像翻閱食譜般，直接參照書中示範的手語圖例與教學活動，調理出一道道親子手語互動的美好菜餚，給予寶寶大腦最有力的成長養分，也讓孩子透過手語「看」到父母的愛！

劉秀丹
國立臺灣師範大學特殊教育學系 副教授

使用說明

本書以生活常見詞彙歸納整理為 30 個主題單元，編有 368 個手語詞彙與 60 組親子對話，收錄多位資深親子手語教學教師們設計的親子遊戲與教學資源，提供想要和聽損孩童互動卻又不得其門而入的讀者更多靈感；另特別邀請在聽障親子教養及語言學領域的專家學者們，分享他們在各領域多年深究所得的精闢見解，使讀者在閱讀本書後，能有更清楚深入的認識與了解。各單元內容包含：

「手語辭彙與對話」

每單元收錄十多個與主題相關的生活常用詞彙及兩個互動短句，詞彙以樹狀圖編排容易識別，手語由聾成人、聽損孩童及其手足示範，除教材內呈現的靜態照片外，掃瞄圖片旁的 QR CODE 即可觀賞動態影片，並佐以與手語吻合的生動插畫，讓大人和小孩都可快樂學習。

「教學活動與資源」

由資深親子手語講師及手語翻譯員魏如君、高鳳鳴、林慧芳共同編寫，分享如何利用簡單的素材，設計適合聽障兒童參與的手語遊戲，以及延伸可用的教學資源，讓讀者能馬上與孩子進行遊戲，且運用不同教材教具反覆練習，增進親子互動機會。

「話說手語」

由語言學博士手語翻譯員李信賢編寫，將手語的通則、特性與學習注意事項做深入淺出的說明，使讀者能快速掌握手語視覺語言的精華。

　　除了容易上手的實用手語，本書另編寫「親子手語 Q & A」，邀請國立屏東大學特殊教育學系教授黃玉枝、國立台灣師範大學特殊教育學系副教授劉秀丹、台中澄清醫院兒童發展中心語言治療師羅淑珍、親子手語及口語早療教師林慧芳，以及財團法人雅文兒童聽語文教基金會聽力師林淑芬編寫，分享他們多年鑽研聽障兒童教育與語言治療的心得，提供有效的教養方法與建議，釐清大眾對於聽障孩童學習手語的迷思。

　　本書之美編也由優秀的聽障朋友參與創作，包括：由陳淑玲手繪可愛插畫、沈素梅設計封面與樹狀圖、小凱架構整本書的美編排版、陳立育與陳濂僑製作手語示範影片，皆花費數月心力。感謝所有作者傾囊相助，讓本書能幫助讀者練成自然流暢的手語，領略語言的美妙。

個人篇

吃　喝　走　坐

起床

睡覺

OI 你在做什麼

出去

洗澡

回家

洗臉

刷牙

尿尿

大便

吃

喝

走

坐

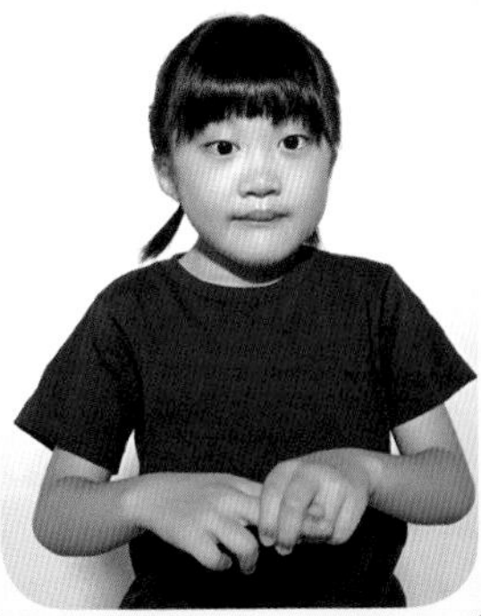

起床
②
①

睡覺

回家
②
①

出去
①
②

洗澡
②
①

洗臉 　　刷牙 　　尿尿

大便 　　什麼

對話練習

A：(你、小狗……) 在做什麼？

B：(我、小狗……) 在 (吃麵、洗澡……)。

A：我想睡覺了……

B：睡覺前要記得刷牙喔！

教學活動　小遊戲：娃娃扮演

1. 可以使用積木或紙箱、紙盒，布置成各個家中的區域，創造扮演情境，例如：指著人形小偶說：「妹妹要睡覺了」，並比出「睡覺」的手語，請孩子將小偶帶到睡覺的地方；或者說：「小狗要洗澡」，並比出「洗澡」的手語，請孩子將小狗玩偶帶到洗澡的地方，幫小狗洗澡，以此類推，每個小偶都在不同的地方。

2. 接下來可以將對話的句子帶入扮演中，問孩子：「小狗在做什麼？」並比出「做什麼？」的手語，讓孩子用手語回答：「洗澡。」

教學資源

1. 嬰幼兒手語溝通圖卡（心理）。
2. 繪本：大家來刷牙（三之三）。
3. 立體遊戲書：豆豆的家（信誼）。
4. 玩具：扮家家酒房屋玩具。

話說手語

　　「吃」、「喝」、「睡覺」、「刷牙」、「洗臉」等詞彙的手語動作，與我們一般的自然模擬手勢接近，因此是非常容易學習的。

　　「吃」就是模擬拿食物靠近嘴巴的動作，「喝」就是手拿杯子喝東西的動作。「起床」、「坐」、「走」等手語是以食指與中指這兩指來代表雙腳，並演示出各種動作。

　　「什麼」是手語中很常用的疑問詞，以食指左右擺動，表達疑問的功能，可結合生活周遭各種物品，並直指物體來問寶寶：「這是什麼？」這是手語必學的基礎句子。

本單元影片

雞蛋

蛋餅

御飯糰

饅頭

飯

包子

水餃

02

好吃的
食物

湯

漢堡

肉

比
薩

麵條

三明治

飯

御飯糰

雞蛋

蛋餅

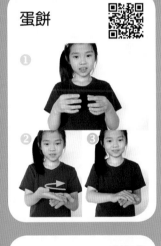

❶ ❷ ❸

饅頭

❶ ❷

包子

水餃

漢堡

三明治

麵條 比薩 肉

湯 是 不是

⭐ 對話練習

A：我要吃（水餃、包子……）。

B：這是你的（水餃、包子……）。

A：我要吃（比薩）。

B：這是你的（漢堡）。

A：我要吃（比薩），不是（漢堡）。

教學活動　　小遊戲：美味大師

1. 蒐集食物圖卡，可以拍照列印或從廣告 DM、雜誌剪下來製作，市售現成的圖卡或是玩具模型也可以。

2. 帶著孩子把相同的食物種類擺放在同一個盤子內，例如：請孩子將水餃放在盤子裡，邀請孩子一起比出「水餃」手語。

3. 讓孩子扮演老闆，大人扮演客人，進行對話練習，大人可以和孩子交換扮演的角色。大人扮演老闆的時候，可以故意拿錯食物，發展不同情境的對話練習。

教學資源

1. 嬰幼兒手語溝通圖卡（心理）。

2. 繪本：你是由什麼做的呢？（維京）。

3. 擬真食物小模型：環保造型橡皮擦、食物玩具模型（iwako）。

4. 磁鐵遊戲書：超級市場（風車）。

5. 超市廣告 DM。

話說手語

　　食物相關的詞彙手語，多半與食用的方式或食物外觀相似，例如：「麵」模擬用筷子夾麵的動作、「湯」模擬喝湯、「蛋」模擬打蛋、「漢堡」與「三明治」則是模擬其外形。

　　此外，本單元開始學習「是」與「不是」的較抽象詞彙，不用擔心孩子無法學習，只要反覆使用，孩子也能掌握抽象的概念。從這兩個手語中，也可逐步了解手語詞彙不全是模擬而來，而是跟口語一樣有許多任意抽象的詞彙，需透過反覆練習才能掌握。

珍珠奶茶

奶茶

豆漿

紅茶

牛奶

咖啡

可可

果汁

冰

熱

汽水

水

茶

要

不要

03 要喝什麼

要

不要

水

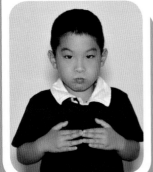

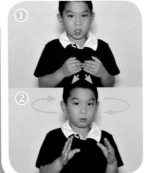

冰

熱

茶

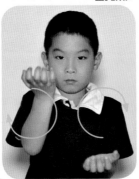

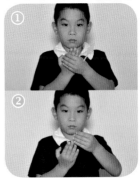

可可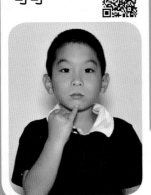

紅茶

豆漿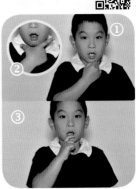

汽水 　　咖啡 　　牛奶

果汁 　　奶茶 　　珍珠奶茶

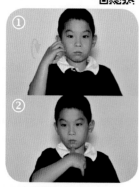　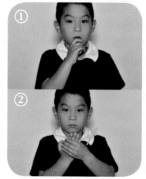

⭐ **對話練習**

A：你要（在）喝什麼？

B：我要（在）喝（果汁、牛奶、豆漿……）。

A：要不要幫你倒一杯果汁？

B：我不要喝果汁，我要喝珍珠奶茶。

小遊戲：倒飲料

1. 平時帶孩子到超商購物時，可以帶孩子指認各種飲料的外觀，指定其中 2 種適合孩子飲用的飲品（例如：牛奶、豆漿、果汁等），讓孩子選擇其中一種，大人也選擇 1 ～ 2 種飲品帶回家，過程中進行短句練習。

2. 回家後準備適合的杯子，大人跟孩子互相問對方要喝什麼？把飲料倒出來給對方，在喝的過程中，也可以問對方在喝什麼，然後互相回答。

教學資源

1. 嬰幼兒手語溝通圖卡（心理）。
2. 繪本：河馬啵啵的果汁派對（大好書屋）。
3. 擬真食物小模型：環保造型橡皮擦（iwako）。

4. 磁鐵遊戲書：超級市場（風車）。
5. 空的果汁飲料瓶。

話說手語

　　本單元在學習飲料的基本相關詞彙，其中對孩子很重要的「奶」這個字的手語，孩子的手形或許難以完全正確，但只要位置正確即可。

　　研究發現，孩子學手語跟口語一樣，會經過一段牙牙學語期，發音或手形都仍在學習中，尤其孩子多數對手形仍不易掌握。實際上，困難的手形經常會被孩子用較簡單的手形代替，因此家長們應注意孩子學習過程中的手形，不需過分糾正，但父母自己仍要比出正確的手形。

　　表達否定語意的詞彙，例如：不要、不會、不好、不必等詞彙，通常會有嘴唇嘟起的詞彙表情，但個別詞彙也會依其語意及情境而加上閉眼、搖頭、轉頭等情緒表情。

本單元影片

餅乾

巧克力

甜甜圈

04

小點心

蛋糕

果凍

布丁

糖果

薯條

麵包

冰淇淋

餅乾

巧克力

蛋糕

薯條

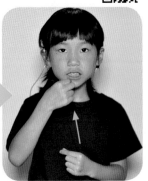

布丁

果凍

黃

麵包 　　冰淇淋 　　糖果

甜甜圈

對話練習

A：老闆請給我（麵包）。

B：我要（餅乾）。

A：我有餅乾、麵包、蛋糕，你要吃哪一個？

B：我想吃麵包，謝謝。

1. 將點心圖卡放置在桌上，大人先發號施令，請孩子找出與指令相同的圖卡，例如：「我要布丁」，請孩子拿出布丁的圖卡。

2. 和孩子討論選出三種點心名稱，代表猜拳贏、平手、輸，例如：猜贏的人比出蛋糕，輸的是餅乾，平手則是麵包。

3. 每次猜拳贏的人，可以拿一個蛋糕圖案，輸的人拿一個餅乾圖案，平手則各拿一個麵包。

4. 遊戲結束和孩子一起數數，各自有幾個蛋糕、餅乾、麵包。

教學資源

1. 嬰幼兒手語溝通圖卡（心理）。

2. 繪本：野貓軍團烤麵包（台灣東方）、小雞過生日（小魯）。

3. 擬真食物小模型：環保造型橡皮擦（iwako）。

4. 磁鐵遊戲書：超級市場（風車）。

話說手語

　　本單元在學習生活中經常食用的點心詞彙，透過實物或圖片可讓孩子觀察手語與實體的相似性。

　　有些詞彙只要單一手語就可表達，例如：「餅乾」、「麵包」等，但有些詞彙需使用兩個手語的組合來表達，這種複合式手語是手語經常使用的造詞策略，透過描述相關外型或特性來表達物體，例如：「甜甜圈」會比出「甜」再描述其環狀的外型，這也是手語的視覺特性，一定要及早掌握。

本單元影片

西瓜

蘋果

葡萄

芭樂

05 水果拼盤

橘子

柿子

香蕉

草莓

柚子

鳳梨

西瓜

蘋果

芭樂

橘子

草莓

柚子

紅

鳳梨 　　　柿子

香蕉 　　　葡萄

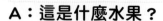
對話練習

A：這是什麼水果？

B：這是香蕉（蘋果、西瓜……）。

A：你吃過水果蛋糕嗎？

B：有，我吃過草莓蛋糕。

1. 在家中先跟孩子討論要買的水果，和孩子一起畫出採買清單，帶孩子到水果店選購，過程中比出水果的手語詞彙。

2. 帶著孩子一起洗水果、削皮、剝皮、切水果。

3. 找一個大的素色淺盤，讓孩子在盤子中用水果進行造型創作。

4. 讓孩子描述自己的創作，進行對話練習。

🔷 教學資源

1. 嬰幼兒手語溝通圖卡（心理）。

2. 繪本：小雞逛超市（小魯）、愛吃水果的牛（信誼）、
   這是什麼店（小魯）。

3. 擬真食物小模型：環保造型橡皮擦（iwako）。

4. 磁鐵遊戲書：超級市場（風車）。

5. 拼圖：幼兒 2 片拼圖卡——蔬果（風車）。

6. 桌遊——蔬果採買趣（英國 Orchard Toys）。

✋ 話說手語

　　台灣手語的水果詞彙，都是具體可見的實物，多半也都是模擬其食用動作（芭樂、西瓜）或剝皮處理（香蕉、橘子、柚子）的方式，以及模擬食物的外型特徵（草莓、葡萄、鳳梨）。蘋果則是一個複合式手語，先比出「紅」，再比出「水果」這個集合名詞。

　　水果好吃，手語好比，是無論大人小孩都極容易上手的手語詞彙。

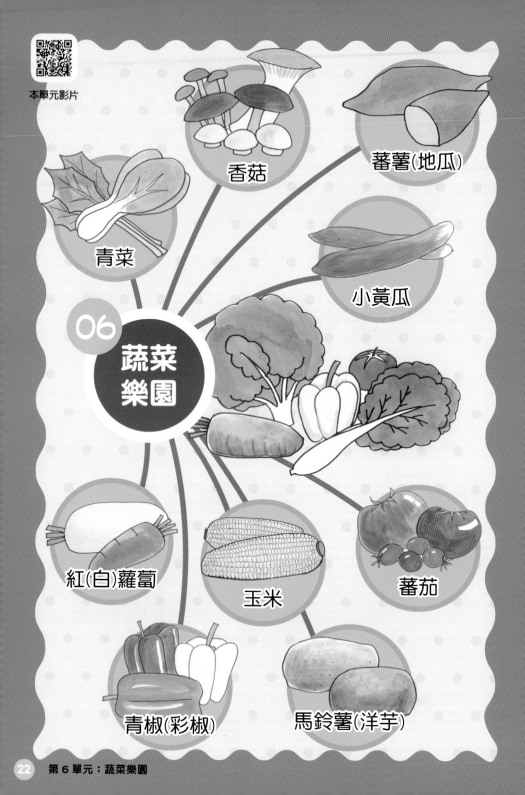

本單元影片

香菇

蕃薯(地瓜)

青菜

小黃瓜

06
蔬菜
樂園

紅(白)蘿蔔

玉米

蕃茄

青椒(彩椒)

馬鈴薯(洋芋)

青菜

香菇

蕃薯（地瓜）

玉米

紅蘿蔔 / 白蘿蔔

紅

白

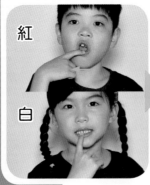

小黃瓜

小

蕃茄

青椒（彩椒）　馬鈴薯（洋芋）

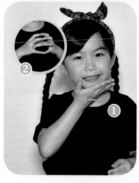  

⭐ 對話練習

A：這是（蕃茄、小黃瓜……）。

B：（蕃茄、小黃瓜……）是哪一個？

A：蕃茄蛋花湯好喝嗎？

B：很不錯，青菜蛋花湯也很好喝。

◎ 教學活動　　　小遊戲：蔬菜印畫

1. 帶孩子去市場買需要的蔬菜（根莖類為佳），並且鼓勵孩子比出蔬菜的手語詞彙。

2. 用刀子橫切蔬菜剖面，觀察每一種蔬菜的橫切面，再取蔬菜其中一片（約 3 公分厚），蓋印顏料在紙面上。

3. 猜猜看蓋印的圖案是哪一種蔬菜。

教學資源

1. 嬰幼兒手語溝通圖卡（心理）。
2. 繪本：小雞逛超市（小魯）。
3. 擬真食物小模型：環保造型橡皮擦（iwako）。
4. 磁鐵遊戲書：超級市場（風車）。
5. 拼圖：幼兒2片拼圖卡——蔬果（風車）。
6. 扮家家酒玩具：炭烤串燒店（DJECO 智荷）。
7. 桌遊——蔬果採買趣（英國 Orchard Toys）。

話說手語

「菜」這個手語比在臉上，本身是一個抽象的集合名詞，可用「面有菜色」這個成語來幫助記憶。

「蘿蔔」、「玉米」、「香菇」這些單詞手語仍可推敲其與實體的相似性；「地瓜」、「馬鈴薯」、「黃瓜」等詞彙則都需使用複合式手語來表達。

特別的是，這些詞彙不是描述食物的特性，而是借用中文詞彙表達，「馬鈴薯」跟馬無關，「黃瓜」則是綠色的，但手語會先比出「馬」及「黃」，主要是借用該詞的第一個中文字來表達。

手語本身的詞彙少於中文，經常會從中文借用，這也是跨語言常見的現象。

本單元影片

收拾

放好

07

我的
玩具

玩

球

積木

車子

娃娃

拼圖

鞦韆

溜滑梯

玩

放好

收拾

① ②

球

積木

木

車子

娃娃 　　拼圖 　　鞦韆

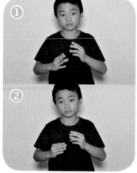　　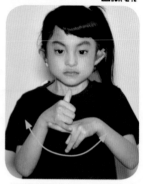

溜滑梯

對話練習

A：娃娃在哪裡？　
B：娃娃在車裡。

A：我想玩鞦韆，還有溜滑梯，可以嗎？　
B：要把積木收拾放好，才可以出去玩。

小遊戲：玩具總動員

1. 帶孩子到賣場、親子館或戶外遊戲區，尋找各類玩具，引導孩子比出相關的手語。

2. 找出孩子在家中的玩具（大約 3 ～ 5 個），跟玩具玩捉迷藏（最好限定在一個空間的範圍內），孩子讓玩具躲起來，大人比出玩具的手語，由孩子找出躲起來的玩具，大人可以和孩子互換，讓孩子比出手語，大人找出玩具。

3. 遊戲結束後，讓孩子逐一將玩具放回原本的收納位置。

教學資源

1. 嬰幼兒手語溝通圖卡（心理）。

2. 繪本：好玩的花園（上人）、好棒的公園（上人）。

話說手語

　　玩樂是孩子的最愛，「玩」的手語可結合之前學過的「什麼」來組成簡單的問句「玩什麼？」，讓小孩自己用手語來回答；也可結合學過的「要」、「不要」來形成問句：「你要不要玩？」，讓小孩練習以手語表達自己的意願。

　　「鞦韆」與「溜滑梯」這兩個手語運用到手語中的分類詞手形，拇指與小指伸直的手形在台灣手語中常用來代表人，可與其他手形結合表達多樣的手語詞彙。

　　分類詞手形是手語中很靈活的部分，可快速表達複雜的空間關係與事件概念，可多多練習喔！

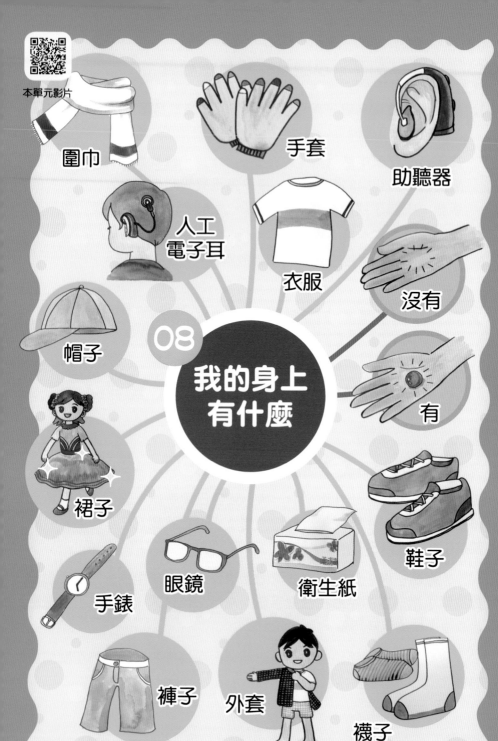

本單元影片

圍巾

手套

助聽器

人工
電子耳

衣服

沒有

帽子

有

裙子

08

我的身上
有什麼

鞋子

手錶

眼鏡

衛生紙

褲子

外套

襪子

有

沒有

圍巾

手套

助聽器

人工電子耳

衣服

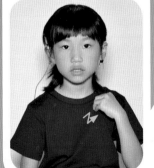

帽子

裙子

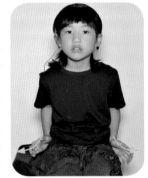

眼鏡

衛生紙

鞋子

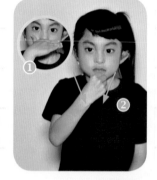

手錶

褲子

外套

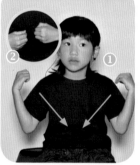

襪子

 對話練習

A：（打噴嚏）你有沒有衛生紙？

B：有，衛生紙給你。

A：好。謝謝。

B：不客氣。

1. 帶孩子從人物相片或圖片中，觀察身上有什麼配件，找一找家中與服飾相關的配件。

2. 找一個小熊玩偶（可以配合裝扮的玩偶，大小都行），利用孩子小時候的衣物或配件，幫小熊進行裝扮，過程中也可以比出物件名稱的手語，並且知道要放在身上的哪個部位。

3. 可以將活動延伸成平面的遊戲，蒐集各種身上配件的圖案，找一個人形圖，將圖案黏貼在人形圖上。

4. 遊戲過程中可適時帶入短句的練習。

⭐ 教學資源

1. 嬰幼兒手語溝通圖卡（心理）。

2. 繪本：我會自己穿衣服（世一）、Washing Line（Walker Books）。

3. 桌遊：穿衣小熊（法國智荷 DJECO）、Animals bingo 動物著衣賓果遊戲（Vilac）、衣物採購樂（英國 Orchard Toys）。

4. 拼圖：幼兒 2 片拼圖卡──日常（風車）。

🖐 話說手語

　　本單元在學習身上每天穿著或配戴的衣物詞彙，基本上與我們如何穿著這些衣物的動作類似，除了可以在手語圖卡遊戲中教學這些手語詞彙，也可利用孩子穿著衣物時練習這些手語。此外，也新學習到表達「有」與「沒有」的詞彙，這兩個是很常用到的手語詞彙，除了表達直述句的概念外，也可加上眉毛抬起與睜大眼睛的臉部表情來表達是非問句的疑問功能，建議家長自己也要很熟悉這個手語中常見的問句表情。

甜甜的

酸酸的

苦苦的

09

我覺得……

黏黏的

鹹鹹的

還要

辣辣的

冷冷的

不夠

剛剛好

燙燙的

甜甜的

酸酸的

苦苦的

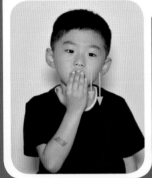

黏黏的

辣辣的

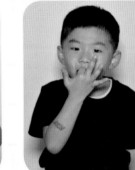

冷冷的

燙燙的

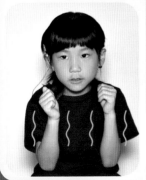

不夠

剛剛好

還要

鹹鹹的

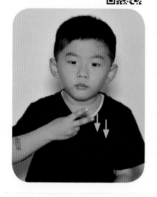

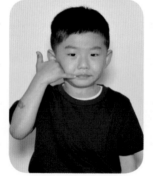

⭐ 對話練習

A：檸檬（麻糬）是什麼感覺（味道）？

B：酸酸的（黏黏的）。

A：這碗麵很鹹。

B：不會很鹹，剛剛好。

小遊戲：美味大師

1. 平時用餐或吃東西的時候，引導孩子說出食物的感覺（味道和溫度），帶入相關的手語。

2. 準備各種調味品或食物，例如：鹽、醬油、黑糖、蜂蜜、檸檬汁、咖啡粉、胡椒粉、麻糬等，讓孩子少量舔嚐味道，用手語表示嚐到的感覺。

3. 讓孩子試著在食物中調味，例如：在較淡的湯中加入鹽，或是在檸檬汁中加入糖或蜂蜜，過程中讓孩子品嚐味道是否足夠？是否還要再添加？

教學資源

1. 嬰幼兒手語溝通圖卡（心理）。
2. 繪本：吃出好味道（聯經）。

話說手語

　　本單元要讓孩子來學習表達自身感受的手語詞彙，這些與自身感受直接相關的手語詞彙，除了手語的動作外，表情的呈現尤其特別重要，可以嘗試用強弱程度不同的食物來讓孩子體驗，並能做出相對應的強弱表情。這與上一單元的問句表情不太一樣，疑問是表達語句的特定功能，而本單元裡表情的強弱則是表達感受的強弱，猶如口語說話的強弱。從小掌握這種細微的表情差異，也可讓手語表達更為生動喔！

本單元影片

哭

不喜歡

笑

喜歡

害羞

10 情緒
小天使

害怕

開心

難過

緊張

生氣

笑

哭

喜歡

不喜歡

害羞

高興（開心、快樂）

害怕

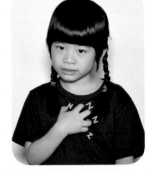

緊張 生氣

難過（傷心）

對話練習

A：你怎麼了？

B：我生氣（快樂、害羞……）了。

A：你怎麼哭了？

B：我的玩具不見了，我好難過。

小遊戲：表情娃娃

1. 和孩子一起照鏡子，做出各種臉部表情。
2. 猜猜我的表情：什麼時候會生氣、害羞、哭。
3. 在紙上手繪大頭娃娃臉，請孩子畫出臉部表情，並練習比出手語詞彙。
4. 使用「嬰幼兒手語溝通圖卡」中的「快樂」、「生氣」、「害怕」、「哭」、「笑」等情緒相關圖卡，看到圖卡比出對應的手語，或者是看手語，找出對應的圖卡。

教學資源

1. 嬰幼兒手語溝通圖卡（心理）。
2. 繪本：我的感覺系列（親子天下）。

話說手語

　　跟上一單元一樣，本單元在學習更多表達心理感受的手語詞彙，除了基本的手語表達要正確外，一樣要搭配合適的表情來表達這些心理感受：開心時嘴巴微開或大開，傷心時閉眼或嘴角下垂等，這些都是讓手語更生動的方法，也可以透過角色扮演等遊戲來演練這些情緒的手語喔！學會這些手語詞彙，也能讓聽障孩子們可透過手語與表情來表達其心理感受，家長也能及早關心及了解。

家庭生活篇

本單元影片

奶奶　爺爺

誰

爸爸

媽媽

== 我的家人

哥哥

弟弟

男生

姐姐

妹妹

女生

寶寶

孩子

爺爺

爸爸

奶奶

媽媽

哥哥

弟弟

姐姐

妹妹

孩子

寶寶

誰

男生

女生

對話練習

A：他是誰？

B：他是（爸爸、媽媽……）。

A：我家裡有爺爺、奶奶、爸爸、媽媽和我，你呢？

B：我家裡有爸爸、媽媽、姊姊、我和弟弟。

小遊戲：認識我的家人

1. 大人拿出每位家人的照片排列在桌上，引起孩子的好奇，再依照孩子的詢問順序示範對應的手語。

2. 當孩子能連結照片與手語後，可運用手語圖卡，讓孩子做照片與圖卡配對遊戲，或者將手語圖卡放置桌上，由大人拿家人照片詢問孩子「他是誰？」，進行對話練習。

3. 大人可用手語請孩子為每位家人拍照，製作家族樹，讓孩子了解自己是家族中的一份子。

◆ 教學資源

1. 嬰幼兒手語溝通圖卡（心理）。

2. 繪本：早起的一天（親子天下）、我要出發了（小天下）。

3. 家人相片。

✋ 話說手語

　　本單元在學習與孩子最親近的家人手語詞彙，從「爸爸」、「媽媽」與「祖父」、「祖母」這些詞彙，可學習到台灣手語中基本的兩性詞彙——「男」與「女」。「男」與「女」不難表達，但實務上許多聾人父母表示孩子學習「爸」、「媽」等手語時較困難，因為還牽涉到手形的變化，孩子通常只能用單一手形靠近臉頰做動作。建議學會「男」與「女」的比法後，引導孩子將手靠近臉頰將手語比出，手形變化會隨著手語經驗逐漸熟練，一開始只要能將動作做出就可。

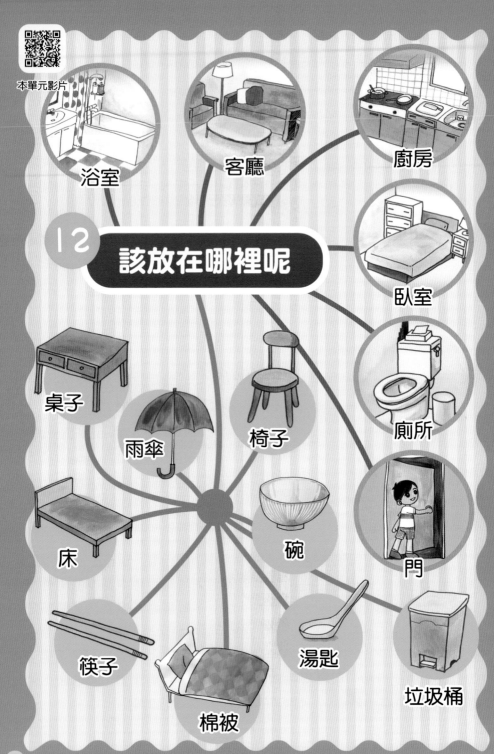

浴室

客廳

廚房

臥室

12 該放在哪裡呢

桌子

雨傘

椅子

廁所

床

碗

門

筷子

棉被

湯匙

垃圾桶

浴室

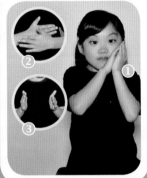

客廳

廚房

臥室

廁所

門

桌子

椅子

床

碗

筷子

湯匙

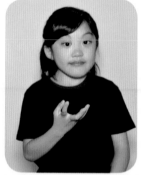

雨傘

棉被

垃圾桶

對話練習

A：（筷子）放在哪裡？

B：（筷子）放在廚房。

A：要在哪裡刷牙、洗臉呢？

B：去浴室。

1. 大人先帶孩子在家裡走一圈，認識遊戲中會出現的東西，並示範手語，讓孩子知道東西放置的位置以及對應的手語。

2. 大人用手語出任務，例如：「要找 2 雙筷子」，公布完任務後，讓孩子去找出相對應的東西。之後，大人可以詢問並讓孩子回答東西是從哪裡找到的。

3. 此遊戲適合全家一起玩，可由大人先做遊戲示範，等孩子熟悉規則後，也可換孩子出任務，增加孩子的主導性。

◆ 教學資源

1. 嬰幼兒手語溝通圖卡（心理）。
2. 繪本：噹噹噹，是什麼來了（小魯）。
3. 拼圖：幼兒 2 片拼圖卡──日常（風車）。

4. 樂高：趣味家家酒餐廳（風車）。
5. 磁鐵遊戲書：甜蜜的家（風車）。

✋ 話說手語

　　本單元在學習居家環境的相關手語詞彙，關鍵詞是「哪裡」，結合之前學過的「什麼」，加上「地方」後就是另一個常用的疑問詞。「地方」這個詞彙也是台灣手語中常用來與其他詞彙組成複合詞彙的手語，例如：浴室就是洗澡的地方，餐廳就是吃飯的地方等。學會這些基本運用後，將來套用到其他地方（如火車站、機場、捷運站等）也都能輕易上手喔！

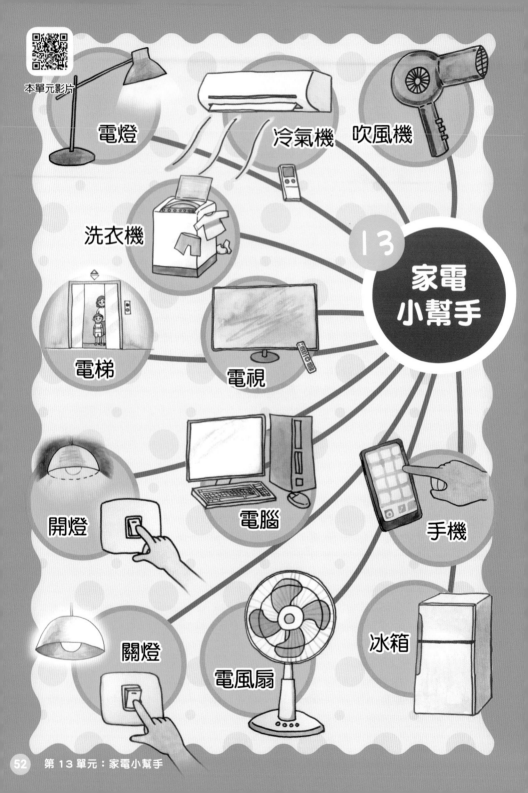

本單元影片

電燈

冷氣機

吹風機

洗衣機

13

家電
小幫手

電梯

電視

開燈

電腦

手機

關燈

電風扇

冰箱

開

關

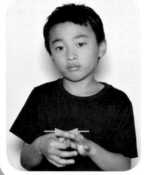

電燈

冷氣機

電梯

電視

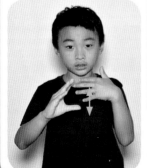

電腦

手機

冰箱

電風扇

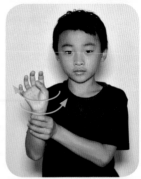

洗衣機

吹風機

對話練習

A：幫我開（關）燈好嗎？　A：冰箱裡面有什麼東西？

B：好。　B：打開看看就知道了。

A：謝謝。　A：哇！是冰淇淋！

小遊戲：電器模仿達人

1. 大人先帶孩子在家裡走一圈認識家中電器，並示範對應的手語。

2. 大人準備電器的圖片當作題目（照片最佳，或坊間圖卡、遊戲書均可），讓孩子抽題，大人以肢體表演方式給孩子看，並請孩子用手語回答是何種電器。

3. 此遊戲適合全家一起玩，可由大人先做遊戲示範，待孩子熟悉規則後，換孩子上台表演讓家人猜，或是不用圖卡，讓孩子自由發揮創意表演，增加親子間的趣味。

教學資源

1. 嬰幼兒手語溝通圖卡（心理）。

2. 拼圖：幼兒 2 片拼圖卡——日常（風車）。

3. 磁鐵遊戲書：甜蜜的家（風車）。

4. 賣場電器 DM。

話說手語

　　本單元在學習認識家中常用的電器詞彙，這些也都是具體的物體，手語多半是模擬其操作方式或物體的外型，這些詞彙都很容易學習。短句練習中也學習到「幫忙」這個呼應動詞，會往受詞的方向移動（呼應），是手語中很重要的一類動詞，利用空間中的移動表達主受詞的關係，所以「幫你」是手往聽話者方向移動，「幫我」則是手往自己胸口移動。這類動詞可讓手語表達更快也更直觀，一定要好好掌握。

14 休閒活動

拜訪

爬山

唱歌

畫畫

旅行

下棋

跳舞

公園

遊樂園

逛街

唱歌

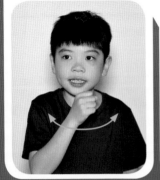

畫畫
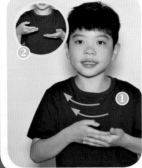

跳舞

下棋

爬山

旅行
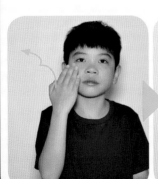
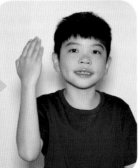

拜訪
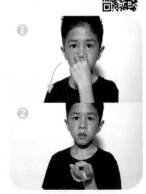

逛街

公園

公

遊樂園

⭐ 對話練習

A：去爬山要帶哪些東西呢？

B：要準備水壺、毛巾、餅乾。

A：我喜歡唱歌、跳舞、畫畫，那你喜歡什麼呢？

B：我喜歡下棋。

小遊戲：我的休閒背包

1. 大人可以邀請孩子一起討論要做何種休閒活動，並和孩子討論需要準備的用品，讓孩子在實際生活中學習，培養其責任感。

2. 可以從「出門會遇到哪些問題」出發，跟孩子討論要準備的物品，例如：口渴要帶水壺，從問題中列出需要準備的物品後，放進幫孩子準備屬於他的休閒背包。

3. 讓孩子自己繪製出門要帶物品的卡片，放在背包裡提醒孩子。

教學資源

1. 嬰幼兒手語溝通圖卡（心理）。
2. 家人常去的休閒活動相片
   （例如：公園、爬山）。

話說手語

　　本單元在學習各種休閒活動的手語詞彙，適合較大的孩子來學習表達，可利用帶孩子參與各種活動時一併教導。許多聽障者長大後表示，印象中小時候只有不斷地參與各種語言治療與聽能復健課程，少了許多與家人互動的活動，這或許是因為家長工作忙碌，也或許是出於保護心態所以不讓孩子去嘗試，其實鼓勵孩子多方體驗不同的活動，也更能從各種不同的生活體驗去學習更多知識喔！

本單元影片

不客氣

請

謝謝

好棒

15
禮貌
好寶貝

對不起

討厭

沒關係

可以

不可以

原諒

請

謝謝

不客氣

對不起

沒關係

討厭

原諒

可以 　不可以

好棒

 對話練習

A：誰把這裡弄亂了？

B：是我，對不起。

A：沒關係。

A：對不起，我不小心撞到你了，可以原諒我嗎？

B：沒關係，我原諒你。

小遊戲：禮貌拳

1. 大人說明遊戲規則並示範進行方式：禮貌的（雙手在右邊轉圈）禮貌的（雙手在左邊轉圈）禮貌（雙手在中間轉圈）ㄘㄟ、（猜拳），禮貌的（贏的用手語比出「謝謝」、輸的用手語比出「沒關係」，平手則是「對不起」）禮貌ㄘㄟ、（再次猜拳），直到有人出錯才停止。

2. 可依孩子的反應調整速度，待熟練後再加快速度。

3. 禮貌拳的手語也可以和孩子討論後抽換，增加遊戲變化性。

教學資源

1. 嬰幼兒手語溝通圖卡（心理）。

話說手語

　　本單元在學習各種禮貌用語的詞彙，是很重要的一個單元，可在適當的生活情境中利用機會教導孩子這些手語詞彙比法，例如：孩子要求幫忙拿東西時，可請孩子說或比出「請幫我」這種較禮貌的手語表達法，而不是用命令語氣的「幫我」。本單元也學習到了「可以」、「不可以」這兩個表達意願或允許的詞彙，可依孩子的程度讓孩子結合禮貌用語來練習較複雜的語句，例如：「請幫我，可以嗎？」

16

家事一起來

髒

臭

幫忙

一起

香

SOAP
肥皂

乾淨

拖地

擦

掃地

整理

洗

會

① ②

不會

① ②

掃地

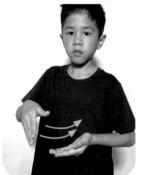

髒

臭

① ②

香

一起

幫忙

第 16 單元：家事一起來　65

乾淨
肥皂
拖地

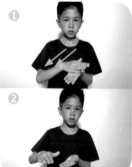

擦
洗
整理

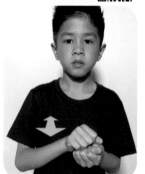

對話練習

A：你會把髒衣服放進洗衣機嗎？

B：我會。

A：你可以一起幫忙，把家裡整理乾淨嗎？

B：可以，我會掃地和拖地。

1. 大人準備一張白紙，上面畫幾條平行線，以平行線的一端為起點，另一端為終點，終點處寫上或畫出此次要做的家事項目（建議以孩子能做的為優先，增加孩子成就感）。

2. 跟孩子一起在相鄰的 2 條線間任意增加一些橫線，完成後每個人選一個起點開始沿著線走，只要遇到線就要轉彎，最後看會走到哪個終點，就是今日要負責完成的家事。

3. 若孩子走到比較困難的項目，也可以鼓勵他主動和其他家人交換。

◆ 教學資源

1. 嬰幼兒手語溝通圖卡（心理）。
2. 繪本：包姆和凱羅的星期天（九童國際）。

✋ 話說手語

　　本單元在學習家事相關的詞彙。從做中學是最好的學習方式，其實孩子看到父母在打掃也都會想模仿，雖然還小可能沒辦法做得很完善，建議可從小讓孩子練習做一些家事，也從這些生活訓練中養成良好的生活習慣，知道髒亂時應該要整理並保持乾淨。「會」與「不會」是兩個很重要的助動詞，動詞加上「會」或「不會」後可表達有無能力或可能性。此外，也可加上表情來表達疑問，例如：「你會掃地嗎？」

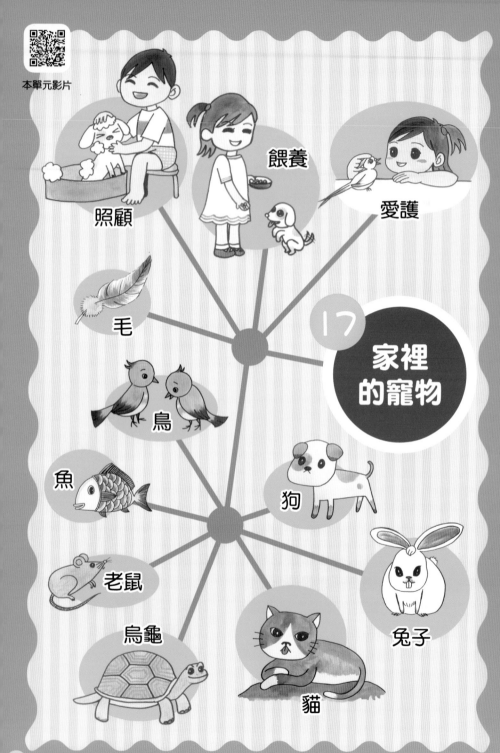

本單元影片

餵養

愛護

照顧

毛

鳥

魚

狗

老鼠

兔子

烏龜

貓

17

家裡
的寵物

照顧

愛護

餵養

狗

貓

毛

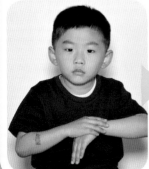

兔子

第 17 單元：家裡的寵物

鳥

烏龜

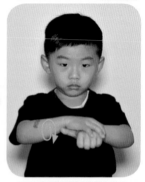

魚

老鼠

對話練習

A：（兔子）吃什麼呢？

B：（兔子）吃（紅蘿蔔）。

A：我家裡有養小狗，你呢？

B：我家裡有養魚和小貓。

小遊戲：寵物吃什麼

1. 大人可參考坊間圖卡準備動物和相對應食物的圖片，或自己手作。
2. 將圖卡放置桌上，由大人先示範將動物與食物做配對，並示範相關手語，再由孩子練習配對。
3. 大人將圖卡區分為動物、食物兩區，並翻面蓋住圖案，排成兩列，進行翻牌遊戲。必須同時翻到正確的動物和食物，才能將牌收起來，最後計算誰拿到的牌最多。
4. 此遊戲可訓練孩子的專注力和記憶力，家長不妨和孩子多玩幾次。

教學資源

1. 嬰幼兒手語溝通圖卡（心理）。
2. 繪本：我想養寵物（和英）。
3. 磁鐵遊戲書：歡樂農場（風車）。
4. 拼圖：幼兒 2 片拼圖卡——動物（風車）。
5. 寵物喜歡吃的食物圖卡（例如：胡蘿蔔、骨頭）。

話說手語

　　本單元在學習家庭中常見的寵物詞彙。寵物在許多家庭中是不可或缺的成員，這些基本的動物詞彙都是模擬動物的外型，因此很容易學習，可在孩子很小的時候就透過圖卡或實物方式讓他們學會。「照顧」與「愛護」這兩個動詞跟之前學過的「幫忙」都用到雙手，這類動詞都是一手以拇指代表接受動作的對象，另一手則用不同的手形或動作來組合成完整的手語，將來會學習到許多類似表達的手語動詞。

本單元影片

18 今天星期幾

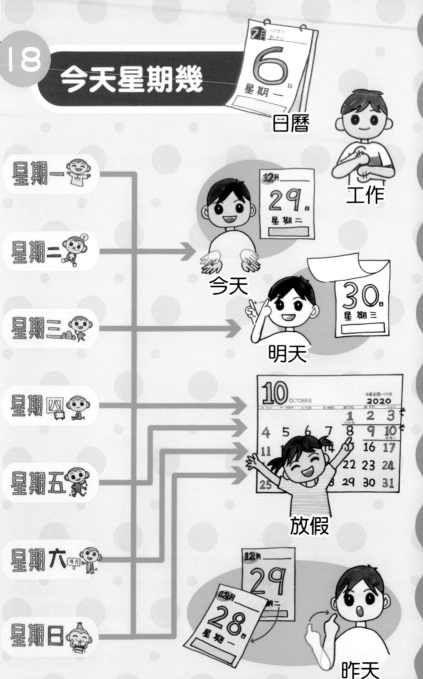

日曆

星期一

星期二

星期三

星期四

星期五

星期六

星期日

今天

明天

放假

昨天

工作

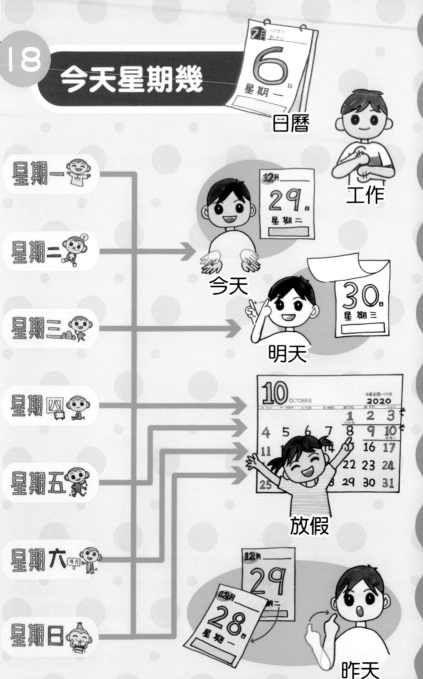

昨天

今天

明天

日曆

放假

工作

星期一

星期二

星期三

星期四

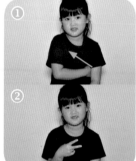

星期五

星期六

星期日

對話練習

A：你星期六去哪裡玩？

B：我星期六去公園玩。

A：今天星期幾？

B：星期五。

小遊戲：製作家庭月曆

1. 大人可用電腦設計空白月曆（建議 1 個月放 1 張 A4 大小，盡量多留空白處給孩子畫畫）或可上網下載相關資源。

2. 與孩子一同在空白月曆上填上數字和星期，然後詢問孩子每天做了哪些事情，幫助孩子一同回想並畫在格子裡，完成屬於孩子的圖畫記事。

3. 若孩子尚未學習寫數字或是較難畫圖，大人可上網下載相關資源，或是直接購買數字與圖案貼紙讓孩子黏貼，也可增加趣味性。

教學資源

1. 嬰幼兒手語溝通圖卡（心理）。

2. 繪本：星期一早上（遠流）。

3. 月曆。

4. 童謠：星期一猴子穿新衣……。

話說手語

　　本單元在學習數字手語的應用，基本的數字手語一定要熟悉，有些數字手語跟一般聽人的手勢不太相同，要特別注意。北部手語的星期一到星期六都是把數字手形從腋下拉出，星期日則是比在嘴巴前，而南部手語的星期一到星期日都是在身前一手比出 7 的手形，另一手比出對應的數字手形來表達。

本單元影片

生日

多少

19
生日
快樂

一月
十二月
二月
十一月
三月
十月
四月
九月
五月
八月
六月
七月

數字

多少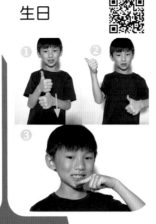

生日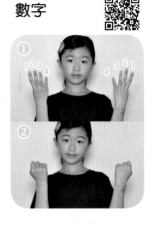

數字

一月

二月

三月

四月

五月

六月

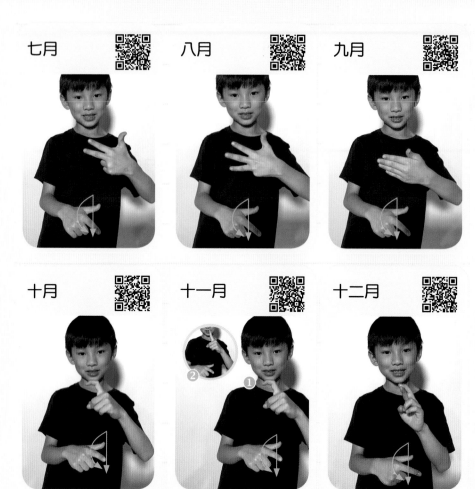

七月　八月　九月

十月　十一月　十二月

對話練習

A：你的生日是幾月幾日？

B：我的生日是（二）月（一）日。

A：你最喜歡哪一個月份？

B：我喜歡七月，放暑假可以到處玩。

1. 承接第 18 單元的家庭月曆，除了記錄孩子每天發生的事情外，大人可以陪著孩子去詢問每位家人的生日，並將生日記錄在家庭月曆中。

2. 在家人生日快到的時候，和孩子討論要怎麼向對方表達祝福（例如：畫卡片），陪著孩子將祝福送到生日的家人手上。

3. 除了家人的生日外，大人也可以告訴孩子各種節慶的日期和故事，例如：國慶日是國家生日，增加孩子對社會的認識。

教學資源

1. 嬰幼兒手語溝通圖卡（心理）。

2. 繪本：最棒的禮物（親子天下）、超好玩！到處都是數字的繪本（小熊）、Poke-A-Dot: 10 Little Monkeys（Innovative Kids）。

3. 手指謠：手指變變變（一根手指頭呀，一根手指頭呀，變變變成毛毛蟲……）。

話說手語

　　本單元在學習基本的數字手語及在日期表達的應用，其中台灣手語 8 的手形是世界有名的難比，更要多加練習才能熟悉。十位數的手語基本上是從個位數手語衍生而來，只要把手指彎下來就可以。學會基本數字表達後就可表達常用的日期手語，在上面的數字代表月份，在下面的數字代表日期。知道數字手語表達後，更要知道如何問，「多少」這個超重要的詞彙一定要熟悉，任何跟數字有關的問題都可套上「多少」來問喔！

20 生病的時候

生病

痛

流鼻水

發燒

打針

吃藥

咳嗽

咳

口罩

健康

休息

洗手

病好了

生病

痛

發燒

流鼻水

咳嗽

洗手

❶
❷

吃藥

打針

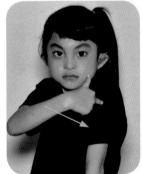

口罩

 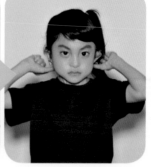

休息

病好了

健康

❶
❷

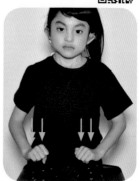

⭐ 對話練習

A：你有戴口罩嗎？
B：我口罩戴好了。

A：你哪裡痛？
B：我（肚子）痛。

小遊戲：動物看醫生

1. 每個人都有看病的經驗，在去醫院之前可以和孩子一起閱讀與醫生相關的繪本，讓孩子了解看病的流程，降低其焦慮感；在就診後可以和孩子一起玩看醫生遊戲，讓孩子從遊戲中增加熟悉感，抒發恐懼，對孩子未來就診的意願有很大的幫助。

2. 準備相關看診道具，以及玩偶當作病人，由孩子扮演醫生、大人扮演護理師，進行看病遊戲。大人可先與布偶自問自答並提示孩子（醫生）該怎麼做，待孩子熟悉後，讓孩子自由發揮。

教學資源

1. 嬰幼兒手語溝通圖卡。（心理）
2. 繪本：安東醫生的動物診所（青林）、加油！熊醫生（上誼）。
3. 扮家家酒遊戲：醫生組。

話說手語

　　本單元在學習身體不舒服時的表達詞彙，尤其孩子還小時，經常因為還不會口語表達，只能用哭鬧來表達不舒服。台灣手語的「痛」很好學習，可很早就教給孩子，讓孩子能表達不舒服的感受。「痛」的用法也很容易，指出痛的部位後（例如：頭、牙齒或肚子），再加上「痛」就可以了。

環境與社會篇

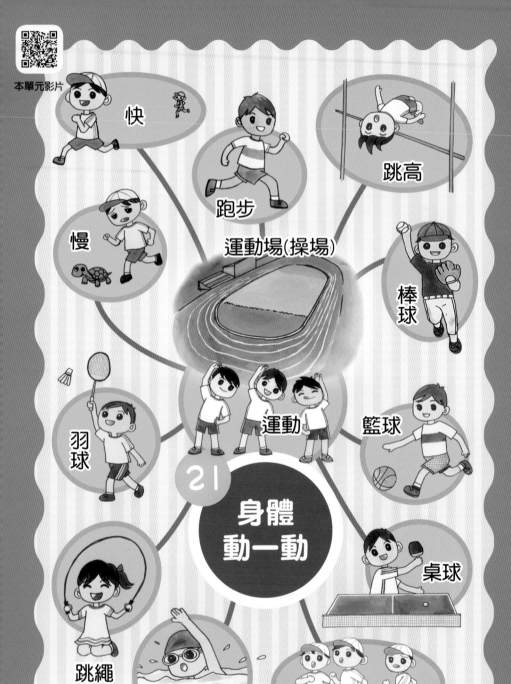

本單元影片

快

跑步

跳高

慢

運動場(操場)

棒球

羽球

運動

籃球

21

身體
動一動

桌球

跳繩

游泳

比賽

運動

跑步

游泳

棒球

籃球

羽球

桌球

跳繩

快

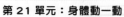

慢 跳高 比賽

運動場

對話練習

A：你喜歡什麼運動？

B：我喜歡（跑步）。

A：你會游泳嗎？

B：我會自由式、蛙式、仰式，我都會。

小遊戲：體育九宮格

1. 大人可先蒐集相關運動的圖片，或利用坊間相關圖卡。

2. 將圖片展示在孩子面前，先以動作讓孩子了解玩法。此階段若能使用實物，更能增加真實性與趣味性，之後大人可直接展示圖片並示範手語打法。

3. 準備 1 顆球和 2 種不同顏色圓點貼紙，並讓孩子選擇 9 張運動圖片，大人協助將圖片貼在牆上成九宮格造型，大人和孩子輪流丟球，並打出丟到的圖片手語，答對可貼上自己的顏色貼紙，先連成一條線即獲勝。

教學資源

1. 嬰幼兒手語溝通圖卡（心理）。

話說手語

　　本單元在學習各種運動的手語詞彙，這些詞彙手語比法多半是跟動作本身的操作方式類似，可從實際運動或觀摩中學習。「游泳」手語是模擬雙腳輪流上下踢腿的樣子，可說是從「走」這個雙腳走動的手語衍生而來，事實上這兩指可衍生出許多跟雙腳動作相關的手語詞彙，例如：跳、坐、踢、潛水、跳遠、跨越、足球等，可利用機會進行延伸教學。

小朋友

幼兒園

遊樂場（操場、遊戲區）

彩色筆

書

BOOK

家庭聯絡簿

餐袋

聯絡簿

水壺

書包

SCHOOL

學校

22 去上學囉

上學

放學

教室

老師

書

書包

❶
❷

水壺

學校

❶
❸
❷

老師

❶
❷

小朋友

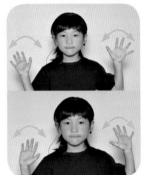

幼兒園

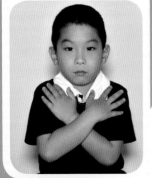

教室

❶
❷ ❸
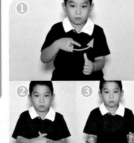

遊樂場
（操場、遊戲區）

上學

放學

彩色筆

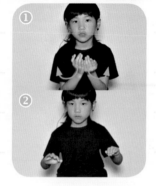

餐袋

聯絡簿

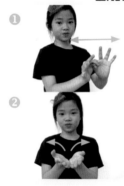

對話練習

A：上學要帶什麼東西？

B：我要帶書包、餐袋。

A：我喜歡去上學。

B：為什麼？

A：學校有很多小朋友一起玩。

1. 準備上學會用到的物品，例如：書包、毛巾、水壺等，並讓孩子坐在椅子上。

2. 大人說明遊戲規則，當出現「老師／說」的手語，孩子要看懂並做出指令的動作；反之則不能動。

3. 此遊戲可凸顯手語視覺化的特色，例如：「老師說把毛巾放在書包裡」，不僅要讓孩子看懂手語，也能訓練孩子視覺及專注力。大人不妨在孩子熟悉遊戲規則後，慢慢增加指令，拓展孩子的記憶廣度。

教學資源

1. 嬰幼兒手語溝通圖卡（心理）。
2. 繪本：好棒的幼兒園（上人）。

話說手語

　　本單元在學習基本的校園生活手語詞彙。「書」、「書包」、「水壺」等物體的手語比法仍與實體外形接近，但「學校」、「老師」等詞彙就較為抽象，需要多練習幾次才能將手語動作正確地掌握並記熟。「放學」一詞在台灣手語中是以複合詞彙方式表達，先比出「讀書」再比出「解散」，表達放學後所有人散去的狀態，這是台灣手語特殊的表達法，跟中文不同，要特別注意。

本單元影片

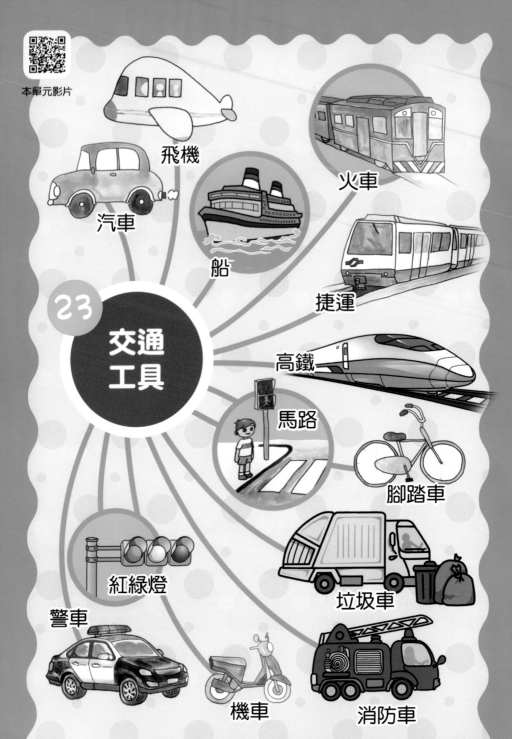

飛機

火車

汽車

船

捷運

23 交通工具

高鐵

馬路

腳踏車

紅綠燈

垃圾車

警車

機車

消防車

汽車

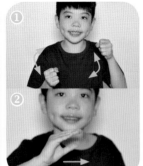

飛機

船

火車

捷運

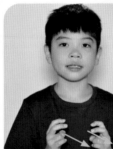

高鐵

馬路

腳踏車

垃圾車

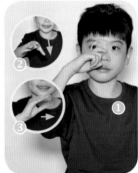

消防車

機車

警車

紅綠燈

紅

綠

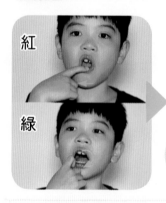

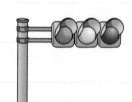

對話練習

Ａ：前面有什麼車？

Ｂ：前面有（警車、消防車……）。

Ａ：你有搭過火車（高鐵、捷運）嗎？

Ｂ：有，搭火車（高鐵、捷運）去旅行很好玩。

教學活動　　小遊戲：馬路上有什麼

1. 準備 1 張全開黑色書面紙，長邊對折 2 次裁開共有 4 段，每段用膠帶黏起來，並用白紙剪出分隔線、斑馬線，和孩子一起黏貼在黑紙上，馬路就完成了。

2. 蒐集牛奶盒、餅乾盒，改裝成各式各樣的車輛，或是直接購買市售的小車子，把車子放在馬路上行駛，試著跟孩子一起編各種車子的故事，例如：車子壞掉了，請拖車來幫忙。

3. 可依照故事情節需要，增加交通號誌以及紅綠燈，豐富故事內容。

教學資源

1. 嬰幼兒手語溝通圖卡（心理）。

2. 繪本：小小火車向前跑（親子天下）、ㄅㄨㄅㄨ，車子來了系列（親子天下）、小企鵝搭巴士（小魯）。

3. 拼圖：幼兒 2 片拼圖卡——交通（風車）、交通工具（風車）。

4. 謝欣芷：走吧！唱歌旅行去——交通歌。

話說手語

　　本單元在學習生活中常見的各種交通工具之手語詞彙，「汽車」、「腳踏車」、「機車」基本上就是模擬騎乘交通工具的方式，非常容易學習。「飛機」、「船」、「火車」、「捷運」、「高鐵」等手語則是模擬交通工具的外形，其中「飛機」這手形雖不好比但與飛機形體非常相似。部分詞彙如「警車」等手語則用複合詞彙的方式來表達，先比出「警察」再加上「閃光」，來表達警車車頂上的警示閃燈。

本單元影片

鴨

雞

羊

牛

大象

猴子

24
動物園
裡的朋友

斑馬

企鵝

老虎

獅子

蛇

長頸鹿

河馬

雞

鴨

羊

牛

大象

老虎

斑馬

蛇

長頸鹿 　獅子

企鵝 　河馬

猴子

對話練習

Ａ：你看到什麼動物？

Ｂ：我看到猴子（馬、大象……）。

Ａ：你喜歡哪一種動物？

Ｂ：我喜歡大象，牠的鼻子
　　好長。

小遊戲：誰來下午茶

1. 準備動物的圖卡或玩偶，與孩子一起討論每種動物的手語和其外觀是否有什麼奇妙的關係，加深孩子的印象。

2. 和孩子一起規劃一場下午茶饗宴，討論想邀請哪些動物朋友來喝下午茶？身為小主人要準備什麼等，並讓孩子一起準備下午茶所需的食物和器具（或玩具）。

3. 此遊戲可以延伸到邀請家中的親戚到家裡，或是到其他小朋友家裡作客，學習當主人與客人身分轉換應有的態度。

🔷 **教學資源**

1. 嬰幼兒手語溝通圖卡（心理）。

2. 繪本：魯拉魯先生的腳踏車（小魯）、獅子的新家（小魯）、動物滿天下（韋伯）、Washing Line（Walker Books）。

3. 拼圖：幼兒 2 片拼圖卡——動物（風車）。

4. 聲音繪本：可愛動物（風車）。

5. 桌遊：趣味動物園（双美）。

🖐 **話說手語**

　　本單元在學習動物園中常見動物的手語詞彙，其表達方式是模擬這些動物具特色的外形或行走方式，但模擬的部位不盡相同：大象手語描述長長的鼻子、河馬手語描述張開大嘴的樣子、蛇手語描述吐信（吐舌頭）的樣子、長頸鹿手語描述其長長的脖子、獅子手語描述臉上的鬃毛、企鵝手語則將雙手放在腳旁模擬企鵝走路的樣子等。這些動物的特徵可透過圖卡教學或去動物園觀賞時把握時機教手語。

本單元影片

蜘蛛

蜜蜂

蝴蝶

毛毛蟲

樹葉

花

樹

草

25
花園裡
的朋友

蚊子

蟑螂

螞蟻

蜻蜓

樹

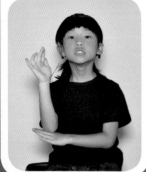

蜘蛛

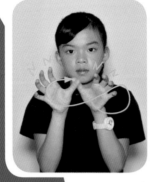

蜜蜂

蝴蝶

毛毛蟲

樹葉

草
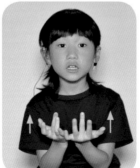

花

第 25 單元：花園裡的朋友

螞蟻 蟑螂

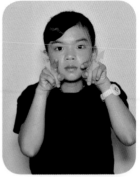

蜻蜓 蚊子

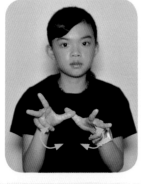  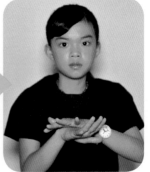

⭐ 對話練習

A：你在花園看到什麼？

B：我看到花和蝴蝶。

A：你看，樹上有毛毛蟲。

B；你看，花上有蜜蜂。

1. 公園是大部分孩子常去的地方，其中的生態環境非常豐富，值得探索。與其拿著圖卡教孩子認識動植物，不如為孩子準備小水桶、小鏟子，手牽手一起去公園探險吧！

2. 若孩子不習慣靠近或觸碰昆蟲，可改由撿拾公園裡掉落的花瓣、果實、樹葉，直接在地上進行花草大臉譜遊戲，製作自己喜歡的人物肖像。

3. 在活動過程中，大人可以即時比出相關手語，並要注意孩子的安全。

教學資源

1. 嬰幼兒手語溝通圖卡（心理）。
2. 繪本：好餓的毛毛蟲（上誼）、很慢很慢的蝸牛（和英）。

話說手語

　　本單元在學習大自然中常見的昆蟲手語詞彙，手語的表達方式是模擬昆蟲的外形或與人類與此昆蟲的互動方式。「蝴蝶」、「蜻蜓」手語是用雙手描述其翅膀的樣子，只差別在使用手形的不同。「蜘蛛」手語描述其很多腳的樣子、「毛毛蟲」手語描述其扭動的樣子、「蟑螂」手語描述其觸鬚上下擺動的樣子，這些手語都很容易學習。「蚊子」手語則是模擬人類被蚊子叮咬後拍打的動作，教完這些手語也可一併學習「蒼蠅」的手語，也是模擬人類與昆蟲互動的樣子。

晴天

陰天

雨天

太陽

雲

天空

26

自然
景象

白天

大地

晚上

月亮

星星

晴天

陰天

天空

雲

太陽

白天

雨天 　　大地 　　晚上

月亮 　　星星

對話練習

A：今天是什麼天氣？
B：今天是（晴天）。

A：天上有月亮和星星。
B：哇！天空好美啊！

教學活動　　小遊戲：氣象播報站

1. 先讓孩子觀看電視新聞氣象播報畫面，讓孩子知道氣象播報的過程。

2. 準備室內溫度計、月曆，和孩子一起觀察當日的天氣狀況、溫度，討論注意事項等。

3. 大人先做示範擔任氣象播報員，播報今日天氣、溫度、出門要注意事項等，待孩子熟悉流程後，換孩子當氣象主播。

4. 依照孩子程度，適時調整播報內容，也可觀摩手語新聞氣象播報。

教學資源

1. 嬰幼兒手語溝通圖卡（心理）。
2. 繪本：我的衣裳（遠流）。

話說手語

　　本單元在學習與天氣相關的大自然手語詞彙。「星星」、「月亮」、「太陽」和「雲」是每天抬頭看天空就可看到的自然景象，陪著孩子抬頭看天空時就可利用機會教學，「太陽」描述陽光照射的樣子，「星星」描述滿天星斗發光的樣子，「月亮」描述月亮彎彎的樣子，「雲」描述白雲飄在高空的樣子。也可在觀看氣象播報時，利用新聞中出現的各種天氣圖卡，與孩子一起練習：「今天是晴天、雨天還是陰天」等各種手語。

本單元影片

春

夏

風

涼

熱

溫暖

颱風

下雪

冷

27

季節
的變化

秋

冬

春

夏

冬

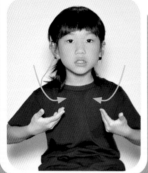

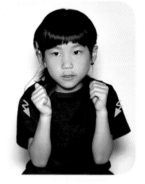

秋

涼

❶

❷

溫暖

熱

❶

❷

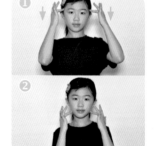

第 27 單元：季節的變化

111

冷 　　下雪

 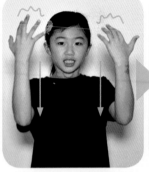 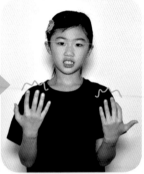

風 　　颱風 　　季節

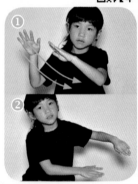  

⭐ 對話練習

A：夏天的感覺如何？

B：我覺得很熱。

A：我喜歡春天和秋天，感覺很舒服。

B：我也是。

1. 大人先和孩子一起觀賞繪本《大樹，你給我記住》，讓孩子看到樹木四季的變化。

2. 準備四張 A4 海報紙、色紙、膠水，在每張海報紙上畫出 1 棵大樹的輪廓，跟孩子討論書中四種季節樹木的變化情形，是顏色不同？葉子大小不同？……，和孩子一起動手用色紙剪樹葉，並貼在海報紙上。

3. 帶孩子完成四季樹的作品，和孩子一起討論四季給自己的感覺是如何？

教學資源

1. 嬰幼兒手語溝通圖卡（心理）。

2. 繪本：春天來了（上誼）、森林裡的小松鼠：岩村和朗給孩子的春夏秋冬繪本（小天下）、大樹，你給我記住（步步）。

話說手語

　　本單元在學習四季的變化及相關感受的手語詞彙，「春」描述春風吹來舒服的樣子，「夏」描述夏天因炎熱而流汗的樣子，「秋」描述秋風吹拂的樣子，「冬」描述冬天寒冷發抖的樣子，「下雪」描述白雪繽紛落下的情景，「颱風」描述天氣圖中颱風眼移動的樣子。這些手語都相當圖像化也很容易記憶，多練習幾次就能得心應手囉！

咖啡色

紫

灰

綠

白

黃

28 彩色世界

藍

黑

粉紅

金

銀

橘

紅

白

黃

橘

紅

綠

藍

紫

黑 　　灰 　　金

粉紅 　　銀 　　咖啡色

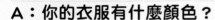

對話練習

A：你的衣服有什麼顏色？　

B：白色和黑色。

A：藍色的衣服是你的嗎？　

B：不是，我的衣服是白色的。

小遊戲：服裝設計師

1. 準備不同顏色的服裝，告訴孩子今天要進行時裝秀，和孩子一起討論如何搭配出最合適的服裝，並在過程中示範相關顏色手語，最後為孩子拍定裝照；也能角色互換讓孩子做服裝設計師，為大人搭配，再讓孩子介紹設計理念。

2. 此遊戲也能調整成由大人在紙上繪製衣褲的線稿，請孩子幫忙用色紙塊貼上各種顏色後進行搭配。

3. 在日常中，大人也可以用手語請孩子將顏色相同的衣服放在一起。

◆ 教學資源

1. 嬰幼兒手語溝通圖卡（心理）。

2. 繪本：吃掉了什麼（小魯）、顏色滿天下（韋伯）、蠟筆小黑套書（小天下）、自己的顏色（遠流）、Poke-A-Dot! What's Your Favorite Color?（Innovative Kids）。

3. 桌遊：魚樂無窮（2Plus）。

✋ 話說手語

　　本單元在學習常見顏色的手語詞彙。顏色的認知從小就可用不同顏色圖卡來練習，有些顏色手語仍很容易聯想，例如：「黑」用摸黑頭髮來表示黑色、「白」用指白色牙齒來表示白色、「紅」用碰紅色嘴唇來表示紅色等；但有些顏色的手語比法就需要靠多次練習來幫助記憶手語的比法，例如：咖啡色、灰色、黃色等。除了基本顏色的詞彙學習，也可結合之前學過的各種物體來增加描述的複雜度，例如：黑色小狗、黃色小狗、白色小狗、綠色烏龜、黃色香蕉等。

大賣場

老闆

客人

SOGO

百貨公司

便利商店

24

29 上街買東西

便宜

貴

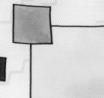

錢

買

賣

正方形

三角形

圓形

錢　　　　　買　　　　　賣
❶
❷

貴　　　　　便宜　　　　大賣場
❶
❷　　　　❸

百貨公司　　　老闆　　　　客人
❶　　　　　　❶　　　　　　❶
❷　　　　　　❷　　　　　　❷

便利商店 (A)

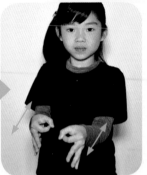

便利商店 (B)

（7-11）

正方形

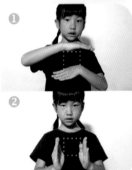

三角形

圓形

對話練習

A：（餅乾）多少錢？

B：六十五元。

A：你的鞋子在哪裡買的？

B：百貨公司買的。

小遊戲：你要買我就賣

1. 大人準備「價目表」，價錢以 10 元以內為主，或可利用手語圖卡與實物，價錢以圓點貼紙貼上即可；準備「硬幣」（單一幣別為主），注意勿讓孩子吞食；準備「白紙」，用來示範計算。

2. 大人當商店老闆，詢問孩子想要買什麼，孩子選了一樣商品後，在白紙寫上數字和同等數量的圈圈給予提示，並讓孩子試著付錢完成交易。

3. 依照孩子的情況調整遊戲難易度，並在日常生活中讓孩子有實際操作的機會。

教學資源

1. 嬰幼兒手語溝通圖卡（心理）。

2. 繪本：爸爸走丟了（英文漢聲）、鯛魚媽媽逛百貨公司（小魯）、形狀滿天下（韋伯）、超好玩！到處都是形狀的繪本（小熊）。

話說手語

　　本單元在學習基本的買賣手語詞彙。「買」就是把錢付給對方，然後買到物品，「賣」則是把物品給對方，自己獲得金錢，可透過在家玩買賣遊戲練習此基本概念與手語比法。除了學習「買」跟「賣」的手語外，也可利用買賣東西的遊戲過程來重複練習之前學過的數字比法，以及練習用「多少」這個手語來表達跟數字相關的疑問詞手語。亦可利用去賣場時，指著商品的標價，讓孩子練習比出商品價格的手語。

本單元影片

公園

餐廳

速食店

30
這是什麼地方

銀行

郵局

消防局

消防員

醫院

醫生　護理師

警察局

警察

警察

警察局

地方

餐廳

銀行

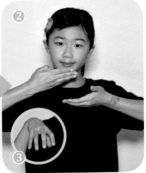

郵局

地方

第 30 單元：這是什麼地方

速食店
（麥當勞）

❶  （M）

❷

消防局

❶

❷

消防員

❶

❷

醫院

❶

❷

醫生

  （男）

護理師
（護士）

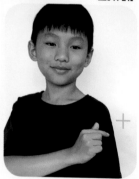

對話練習

A：生病要去哪裡？

B：醫院。

A：請問警察局在哪裡？

B：在公園旁邊。

小遊戲：什麼都有社區

1. 配合第 23 單元交通工具的小遊戲，原本的馬路邊可用乾淨的牛奶盒、餅乾盒製作出不同的建築物，例如：學校、醫院等，或是直接購買坊間的模型建築物，和孩子一起創造出「什麼都有」的社區。

2. 大人與孩子一起討論不同建築物會出現哪些人物（例如：醫院會有醫生、護理師等），然後與孩子一起繪製相關人物做成紙偶（或是直接購買相關人物模型）後，放在建築物旁邊，就可以開始和孩子一起進行各式各樣角色扮演囉！

教學資源

1. 嬰幼兒手語溝通圖卡（心理）。
2. 繪本：公車來了（台灣東方）。

話說手語

　　本單元在學習不同場所的手語詞彙，之前學過的複合詞彙比法在此也適用，例如：「警察」＋「地方」就是「警察局」，「吃飯」＋「地方」就是「餐廳」，這是台灣手語中很常用的一種表達方式。此外，有些場所本身有獨特的手語比法，必須另外練習與記憶，例如：「銀行」看起來就像是雙手用錢蓋成的房子，表示存放金錢的地方，而「公園」是雙手在身前輪流前後動，學完「公園」後也可加上之前學過的「花」，來練習「花園」手語的比法喔！

親子手語Q＆A

1. 什麼時候可以開始學習手語？

國立屏東大學特殊教育學系教授　黃玉枝

　　嬰兒剛出生的時候雖然還不會說話，但會利用各種方式來表達他的訊息，例如：表情、哭、笑，或者肢體動作。有些嬰兒到了 7～8 個月大，開始會揮手表示「再見」，會伸出雙手表示要「抱抱」，可能會搖頭表示「不要」，這些簡單的手勢或者動作即是學習自然手語的基礎。因此，照顧者在嬰兒有表達溝通意圖的時候，就可以開始使用簡單手語和他溝通。

　　至於在表達方面，嬰兒到了 8、9 個月大的時候，因為精細動作協調發展還不太成熟，表達的手語可能無法完全正確，但他所表達的手勢，是其未來使用手語表達的基礎，只要常常練習，會愈來愈好。

　　有研究發現，嬰兒在 1 歲 5 個月～2 歲 6 個月的時候是使用嬰幼兒手語的最高峰，2 歲 6 個月大時，嬰幼兒大約能使用 200 多個手勢，當嬰兒的動作發展漸趨成熟，這些手勢會慢慢修正成自然手語。因此，手語的學習愈早開始愈好。

2. 如何教 1 歲前的寶寶學習手語？

國立屏東大學特殊教育學系教授　黃玉枝

　　教寶寶手語的第一步是說單詞並同時做出手勢，例如：當給嬰兒牛奶時，除了說「喝ㄋㄟㄋㄟ」以外，可以打牛奶的手語給他看，然後把牛奶給他喝。或者在抱著他時也可以打「我愛你」的手語，每次說出單詞時都將其與單詞手語配對出現，並且持續重複出現，寶寶將習得此手勢，這是他學習手語的基礎。這些視覺的刺激對嬰兒未來發展手語學習都有正向幫助，且能在自然環境中習得手語。

3. 嬰幼兒是否都可以學習手語？

親子手語及口語早療教師　林慧芳

　　手部和雙眼是早期認知、心智和語言的中心，不管是聽力正常或聽力損失兒童，都會用他們的手和眼睛來探索周圍環境，並發展出手勢動作來

溝通。當孩子尚未發展出口說能力，又想要讓對方知道心裡所想的事情時，動作和手勢於是就成了很自然的表達方式。

聽常嬰兒也會自然發展出手勢動作，並和口語一起出現，等到口語成為愈來愈方便的工具時，手勢動作才會愈來愈少；若嬰兒因為聽力損失或其他原因，其口語未能順利發展時，手勢動作就可以繼續發展成視覺語言——手語，以進一步與他人有更細部的溝通。

因此，不管是聽力正常或聽力損失嬰幼兒都是可以學習手語的，都可以透過手勢或手語和照顧者溝通，向照顧者表達自己的需求，減少情緒問題，以及降低照顧者不知如何與孩子溝通的挫折感，且可以增進親子之間的感情。

4. 孩子學習手語後就不想開口說話了嗎？

台中澄清醫院兒童發展中心語言治療師　羅淑珍

目前並沒有證據顯示孩子學了手語，就不想開口說話。近年來，無論是國內或國外，有愈來愈多的相關研究支持：「在語言發展的關鍵時期，雙語並不會影響聽障兒童的口語發展，還會使其認知及語言的發展更好」、「及早學習手語不僅不會妨礙聾童的口語發展，更可以促進口語的學習」（Cummins, 2005; Luetke-Stahlman, 1998, 1999; Stuckless & Birch, 1997）。使用親子手語的家長也表示，孩子一開始是使用手語發展語言，但當他的語言理解、表達和聆聽技巧出現後，反而喜歡用聲音和聽力溝通，而逐漸褪除手語。倘若聽損孩子已配戴適合其增益的聽覺輔具，亦經過了積極的口語訓練，然溝通能力依然有限，建議除了口語外，可嘗試加入手語，讓孩子以其視覺優勢提升不佳的聽覺訊息接收，盡早學會溝通。

5. 學習手語會不會影響口語發展？

國立屏東大學特殊教育學系教授　黃玉枝

許多研究證實，透過給寶寶一種早期的溝通方式（例如：手語），可以激發其學習更多溝通技巧（包括說話）的動機。嬰兒手語為寶寶提供了

一種與周遭人士互動的有效方法，因此他可以從社交經驗中收穫更多。再者，與寶寶用手語互動，也意味著家長也將花費更多的時間與其交談，與寶寶交談即是幫助其學習說話最好的方法。

6. 植入電子耳後如果聽能學習成效不佳，還有其他方法嗎？

財團法人雅文兒童聽語文教基金會聽力師　林淑芬

　　基金會服務的部分孩子，他們的聽損問題由於耳朵構造異常、整體發展遲緩，以及發現聽損時的年紀已較大（因為較晚介入，導致較晚植入電子耳），所以對照同年齡孩童的聽覺表現，他們的語言發展仍明顯落後。為積極提升這些孩子的溝通效能，經與父母討論後，安排轉介至其他機構並接受手語訓練，之後發現孩子在各方面的學習都有顯著的進步，讓親子間尋回了久違的成就感，其中甚至有部分孩子的口語能力也有不錯進展。對部分家長而言，也許同時接受手語訓練一開始是難以接受的，因為與他們原本的期待有落差。但是，與其堅守效果有限的學習聽能，何不嘗試佐以其他的溝通方法，為孩子多加開一扇通往世界的窗。相信孩子一旦降低溝通的困難度後，在享受快樂溝通之餘，更能提升自信、肯定自我價值！

7. 如何提升學習手語孩子的語音清晰度呢？

台中澄清醫院兒童發展中心語言治療師　羅淑珍

　　就個人的臨床經驗，以聽能訓練中的「聽覺三明治技巧」（auditory sandwich technique）結合手語的方法，其語音清晰度的確可提升。方法如下：

(1) 首先需確認孩童仍有殘存聽力，並配戴適宜的聽能輔具。

(2) 將聽能口語及手語同時帶入聽能訓練中的「聽覺三明治技巧」。如圖所示：語言輸入時，以「聽（口語）→看（手語＋口語）→聽（口語）」的方式，讓孩子先仔細聆聽後，接著以手語視覺提示連結字義，最後回到聽能，讓孩子理解語音和字義。

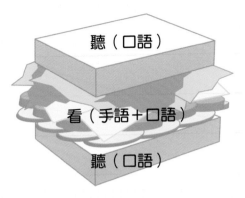

範例：教香蕉（實物或圖片）
聽　成人說口語「香蕉」，
　　讓孩子仔細傾聽

看　成人比出「香蕉」手語＋口語，
　　讓孩子連結字義

聽　成人重複口語「香蕉」，
　　讓孩子理解語音和字義

8. 嬰幼兒手語和自然手語有什麼不同？

國立屏東大學特殊教育學系教授　黃玉枝

　　嬰幼兒手語是 Linda Acredolo 與 Susan Goodwyn 兩位博士根據 1982 年所做的長期追蹤研究之結果。她們發表了許多手勢對嬰兒學習發展的相關研究，並成立了嬰幼兒手語教學機構，其教學方式鼓勵家長多使用手語和嬰兒互動。嬰幼兒手語和自然手語不太相同的地方，主要在於嬰幼兒手語著重於日常單字，不著重文法，且最好能配合口語發音，以引起孩子的注意，幫助孩子易學、易記。

　　嬰幼兒手語是提供聽力正常父母和一般幼兒的一種溝通方式，而自然手語（例如：台灣手語、美國手語或英國手語等）則是聾人社群使用的母語，是語言的一種，有其自己的文法和句子結構。聽損幼兒的父母多數是聽力正常，通常沒有打手語的經驗。台灣手語翻譯協會推動的嬰幼兒手語，是以自然手語的詞彙，但沒有特別強調手語的文法，讓父母和嬰幼兒使用自然、直覺的手語互動，其主要目的是為了促進嬰幼兒的認知發展、誘發溝通動機，以提升他們語文學習的能力。

9. 早療專業人員如何將手語運用在教學中？

台中澄清醫院兒童發展中心語言治療師　羅淑珍

　　簡單來說，就是「只要說話時同步加上手語即可」。許多早療人員從未考慮將「手語」放入教學策略的選項之一，其主要原因通常是認為手語並不普遍，應該要學口語；或認為手語很難，也不是自己的領域，應該交

由專業的手語老師或特教老師來教。事實上，自然手語生活化、圖像化，易懂好學，一點都不難。早療人員只需要具備 200 個左右的日常手語詞彙（例如：手語教材中的詞彙），即可誘發孩子的溝通及學習動機。對於非聾童而言，學習手語並不是要取代現有的口語，而是要把手語當做學習口語、認知、識字的「媒介」，將複雜、抽象的語言透過視覺圖像變得簡單易理解、易記。

在療育過程中，不是每個學生都能朝向設定的目標逐漸進步，有些學生即使嘗試各種策略也認真努力學習，卻還是一直無法達成目標或學習停滯不前，例如：記不住抽象詞彙「顏色」、易混淆「上面／下面」等相似難分辨與記憶的詞彙，或是行為無法安坐學習、易分心、過動、暴衝、排斥看平面圖卡、甚至趴在桌上拒學等。個人的臨床經驗都曾遇過上述類似個案，在束手無策之際，即嘗試以手語介入，沒想到皆獲得不同程度的改善。綜而言之，並非手語有神通，而是一般人吸收知識時，超過 80% 是依賴視覺為主，生活化、圖像化的自然手語易引起孩子的注意力，除了易學、易記、減少挫折之外，手動有趣也提升了學習的興趣和動機。

10. 孩子適合念啟聰幼兒園還是一般幼兒園呢？

國立屏東大學特殊教育學系教授　黃玉枝

聽損幼兒要進到幼兒園就讀前，可以透過早療老師或者社工，經家長同意後，提報到縣（市）政府教育局（處）的特殊教育學生鑑定及就學輔導會（簡稱鑑輔會）申請鑑定安置。家長要準備一年內醫療院所之聽力圖、有效時限內的聯合評估中心之綜合評估報告書、心理衡鑑報告等相關資料。心評人員會進行幼兒的需求評估及蒐集相關資料，例如：聽力狀況、配戴輔具後的訓練情形、家庭主要溝通方式、幼兒的語言和認知發展、生活自理能力、情緒及人際互動發展等。鑑輔會的委員將整體考量學生的能力和需求、學校所提供的支持服務、就近安置原則等根據所蒐集的資料進行綜合研判，家長也可以提供對安置的想法給鑑輔委員參考，鑑輔會對幼兒的安置建議，也須經家長同意後才能安置。以目前的融合教育趨勢，通常會先鼓勵家長選擇和一般學生互動較多的環境。家長在幼兒安置前，可先至可能就讀的學校參訪，並和特教老師討論，以了解各安置環境的準備

度和所提供的支持服務是否合適自己的孩子。

11. 孩子適合念啟聰國小還是一般國小普通班＋資源班呢？

國立屏東大學特殊教育學系教授　黃玉枝

　　聽損幼兒要進到國小就讀前，幼兒園會提報到縣（市）政府教育局（處）的鑑輔會申請轉銜鑑定安置。以目前的融合教育趨勢，通常會先鼓勵家長選擇和一般學生互動較多的環境。如果孩子在普通學校的整體學習和學校適應有困難，就會考量安置在啟聰學校，但孩子是否以手語為主要的溝通模式，並不是決定安置在哪裡的唯一條件。孩子若會使用手語，其各方面發展適合在普通學校就讀，在鑑定會議時可以提出申請手語翻譯員和聽打服務的需求。建議家長在幼兒轉銜安置會議前，可先到可能就讀的學校參訪，並和特教老師討論，以了解安置環境的準備度和其所提供的支持服務是否合適自己的孩子。

12. 學習手語的孩子進入小學後要如何銜接課堂學習？

國立屏東大學特殊教育學系教授　黃玉枝

　　如果孩子的主要溝通模式是手語，安置在小學普通班就讀，在鑑輔會議時需要提出申請課堂上的手語翻譯服務。另外，108 課綱的本土語言，可安排該班學生選修手語，或者利用其他課程安排全班學習手語，可以提供班級友善的環境。再者，您的孩子也需做好預習功課，這樣課堂上的內容比較可以理解。

13. 學習手語的孩子如何和其他孩子溝通？

親子手語及口語早療教師　林慧芳

　　「又不是每個人都會手語，以後上學要怎麼跟其他孩子溝通呢？」這是許多家長對於讓聽損孩童學習手語，裹足不前的重要原因。手語使用者在視覺線索的學習會更加敏銳，因此增進孩子運用視覺化的表達能力，將有助於和其他孩子的互動和溝通。家長們可以陪伴孩子這樣做：

(1) 在日常生活中示範與他人溝通的方法和內容：大人們的舉止對孩子而言，是最主要的模仿對象，因此在適當的情境提供良好示範，或是從繪本故事書中的情節和孩子討論，可以讓孩子在無形中學習如何與他人互動，甚至可以用扮演的方式進行練習。

(2) 充分運用視覺線索（實物和圖片）、表情與肢體動作結合的方式來表達：如果遇到對方不懂手語，可以利用表情與肢體動作表現，找出周遭環境可以輔助說明的物品或是圖畫；也可以在家中玩「比手畫腳」猜猜看的遊戲，和孩子一起練習不說話的溝通表達方式，發揮創意和想像力，把想法讓對方知道。孩子在上小學之後，就可以加入文字使用來協助溝通。

(3) 教孩子身邊的同伴學習手語，為自己創造無障礙環境：如果孩子已經上幼兒園或小學，家長可徵求老師和園（校）方同意，進入班級教導其他孩子常用的手語，更歡迎班級老師和園（校）方的行政人員一起學習手語，為孩子創造一個友善的環境。甚至，孩子也可以教導身邊其他人手語，藉由各種交流的機會，讓更多人學習手語，也為自己建立無障礙環境而努力。

14. 哪些早療孩子可以嘗試以手口語介入？

台中澄清醫院兒童發展中心語言治療師　羅淑珍

以下就個人及從事手口語早療教師們的臨床經驗，將曾以手口語介入的早療孩子，以「有無聽力問題」及「有無口語」等條件，加以分類成四種類型。若孩子目前的學習有下列徵狀或類型，建議除了現有的策略外，可嘗試加入手口語介入輔導，以提升學習效果。

口語 聽力	有口語	無口語或低口語
聽力正常	其他策略成效不如預期	• 發展遲緩 • 腦性麻痺 • 智能不足 • 自閉症 • 多重障礙 • 不喜歡 PECS 圖片交換溝通或輔助溝通系統 • 其他策略成效不如預期
	建議可嘗試加入手口語策略	建議可嘗試加入手口語策略
有聽力問題	• 很會仿說，但聽理解不佳 • 字彙量過少，一直記不住 • 不太敢說話，怕說錯 • 別人聽不懂自己說的話 • 無法專注聽學習，極易分心 • 只喜歡動態活動，不喜歡靜態（例如：圖卡、繪本） • 其他策略成效不如預期	• 全聾 • 等待植入人工電子耳 • 剛植入電子耳調頻期間 • 聽能輔具配戴後，效能不如預期 • 年齡太大才發現聽損 • 多重障礙 • 無法專注聽學習，極易分心 • 其他策略成效不如預期
	建議可嘗試加入手口語策略	建議可嘗試加入手口語策略

註：1.以手口語介入的成效，部分孩子可能剛開始無法立即顯現，甚至有的在半年後才開始出現口語之情形。然而，當孩子開始可以隨心的「主動溝通」，就是過程中最令人感動的改變。

2.手語也是語言的一種，一樣要有適當的環境及不斷的刺激才會進步，期盼家長也能夠共同學習，讓大手牽起小手，幫助孩子在溝通上能夠更加流暢，同時也能讓孩子的人際關係增添更多的情感交流。

15. 其他障礙孩童是否也適合學習手語？

台中澄清醫院兒童發展中心語言治療師　羅淑珍

「幾乎沒有例外，我建議還沒有口語的孩子使用手語，這可以用來補充他們目前使用的輔助溝通系統，或者在他們還沒有使用任何系統時，我也建議他們採用手語，以做為一套具有功能性的學習和使用系統」（Mary Lynch Barbera, 2012）。「對智能障礙（含唐氏症）、自閉症、失語症、語言障礙 / 溝通障礙學生等有特殊需求的孩童打手語，能促進溝通」

（Capirci, Cattani, Rossini, & Volterra, 1998）。由此可見，國外早療專業人員將手語運用在不同障礙類別孩童的溝通療育早以行之有年，並且已得到良好的實證成效。即使手語存在有未受過訓練的人看不懂之缺點，但相較於手語有「視覺圖像、易記」、「動作簡單、易學」、「隨身攜帶、方便」等諸多優點，對幫助學前或學齡孩童的溝通仍是利多於弊之有效工具。無論孩子目前是否以輔助溝通系統中的 PECS 圖片交換溝通系統、AAC 語音系統、溝通板、點讀筆等為主要溝通方式，仍然可在某些時候適時加入手語，例如：做動態活動或聽不懂抽象詞彙時，適時的手語介入有助於孩子的溝通和理解。

　　註：Mary Lynch Barbera 是通過國際認證的行為分析師，自 2003 年起擔任美國賓州語言行為專案的首席分析師，訓練了數百位專業人員，並實際從事許多泛自閉症、唐氏症及其他發展障礙孩童的療育工作。其著作書籍：*The Verbal Behavior Approach* 已有中文版翻譯《語言行為途徑：自閉兒和相關障礙兒童的教學方法》，學富文化出版。

16. 哪裡可以學習手語？

社團法人台灣手語翻譯協會理事長　魏如君

　　各縣市都有不同單位辦理手語課程，如政府部門、聽障相關協會、社區大學等，台灣手語翻譯協會也將「全台各地手語開班訊息」整理於官網（taslifamily.org）並定期更新，需要時可以搜尋參考。

　　家長（照顧者）也可以帶領孩子一起參加親子手語班，帶孩子接觸各種事物，拓展孩子的生活經驗，以及閱讀圖畫書，都可以從中學習或複習手語──整座城市都是手語的練習場。

　　目前也有手語學習的線上教學資源，家長可以透過自學方式學習手語，在與孩子互動的時候，配合口說將手語帶入。學習手語的目的是為了要溝通，不用擔心學習的手語是否正確或是困難，而是藉此表達需求以及溝通人與人之間的情感，讓我們一起動動雙手，傳遞這個美麗的語言。

　　線上手語教學資源有：線上手語教室、台灣手語線上辭典、常用手語

辭典、公視聽聽看、基礎台灣手語、新詞彙手語、嬰幼兒台灣手語、親子手語故事屋等，讀者可在網路上搜尋。

17. 手語師資怎麼認證？

社團法人台灣手語翻譯協會理事長　魏如君

　　台灣目前關於手語的認證僅有手語翻譯技術士技能檢定，及格者具備一定的手語翻譯從業能力。寶寶手語之主要定位在生活中的簡單溝通，家人或治療師只要能使用簡單的手語詞彙，並不需在意教師證書資格。

　　然而，當親子手語進入句型對話階段，如果有母語為手語的聾人做為語言模仿對象，其成效自是最好。持有手語翻譯技術士證書的聽人翻譯員兼會手語和口語，是許多家長信任的教學對象。許多熟悉手語的早療幼教老師，能以專業結合基礎手語在教學中運用，也是很棒的老師。

　　親子手語教學是市場機制，老師的教學設計、情緒控管、愛心耐心、手語能力等都需綜合考量，有證照是加分條件，但並非充分條件。

18. 孩子應該學嬰幼兒手語？台灣（自然）手語？還是中文手語？

語言學博士手語翻譯員　李信賢

　　答案是「都可以」，只要願意學習這種視覺的語言，要學哪一種都可以，但須視學習的對象、語言環境及學習目的而定。

　　在國外，嬰幼兒手語的主要學習者為聽常嬰幼兒，他們只是為了提升口語發展而學習手語，以進行初期的溝通，因此對聽常嬰幼兒而言，手語只是促進口語發展的工具。

　　對於聽障嬰幼兒，研究也認為早期接觸手語是有益處的。身為國內唯一的手語翻譯專業團體，當然希望每個聽障孩童從小就學習台灣手語，不過這是過於理想化、也不切實際。目前，由於多數聽障孩童都就近至一般學校就讀，主要透過聽覺輔具以口語溝通，因此初期可由非精通手語的家長教導簡單手語，將來可視其安置環境及語言環境，決定是否要繼續學習

真正的台灣手語。

　　若聽障嬰幼兒的家長或照顧者本身就會台灣手語，則建議可以從小就從日常互動中學習，一來可及早建構第一語言能力，透過此手語能力也有助於其學習第二語言（中文）或第三語言（英語），且可透過家庭內的語言溝通，維持與家庭的親密互動。

19. 如何用手語進行繪本共讀？

國立台灣師範大學特殊教育學系副教授　劉秀丹

　　用手語和孩子進行繪本共讀時，就和用口語共讀時一樣，最重要的是營造親子（或師生）之間的正向、愉悅氣氛，並且以尊重平等的態度與孩子互動，巧妙地引導孩子的注意力和興趣，透過對話鼓勵孩子表達，並經常給予正向回饋。

　　其次，依孩子的年齡和語言發展可以選擇不同的策略，例如：當孩子還未發展出單字詞時，可以指著繪本中的圖畫，示範用手語詞彙命名出圖畫中的物品或動作，例如：用手語打出「這是蘋果」、「這是小青蛙」等語句。一旦孩子的語言能力進入到雙字詞時，就不建議停留在這樣的方式，而鼓勵用更開放性的問題，與孩子互動。最常用且被證實有效的繪本共讀策略是對話式共讀，透過 PEER 策略以及 CROWD 的提問方式鼓勵孩子參與，此可有效促進孩子的語言發展及對繪本的理解。PEER 指的是家長（或老師）要盡量鼓勵孩子表達繪本的內容（Prompt），孩子回答後，家長（或老師）要給予正向的回饋（Evaluate），並且改述孩子的話語、增加詞彙，以將孩子的表達擴展得更完整（Expand），且要適時的鼓勵孩子重述擴展後之完整句子（Repeat）。CROWD 則分別指五種促進孩子表達的問題，包括：填充式問題（Completion）、回憶式問題（Recall）、開放式問句（Open-ended）、WH 問句（Wh-），以及融入生活（Distancing）的問題。

　　最後要強調，父母（或老師）的手語能力很重要，當父母（或老師）的手語能力愈好時，繪本共讀的效果就會愈好。

141

國家圖書館出版品預行編目（CIP）資料

親子手語入門完全手冊／社團法人台灣手語翻譯
協會主編 -- 初版. -- 新北市：心理, 2020. 08
　　　面；　公分. --（溝通障礙系列；65041）
　　　ISBN 978-986-191-917-1（平裝）

　　1.特殊教育　　2.手語

529.5　　　　　　　　　　　　　　　　109010457

溝通障礙系列 65041

親子手語入門完全手冊

主　　　編：社團法人台灣手語翻譯協會
責任編輯：郭佳玲
總　編　輯：林敬堯
發　行　人：洪有義
出　版　者：心理出版社股份有限公司
地　　　址：231026 新北市新店區光明街 288 號 7 樓
電　　　話：(02) 29150566
傳　　　真：(02) 29152928
郵撥帳號：19293172　心理出版社股份有限公司
網　　　址：https://www.psy.com.tw
電子信箱：psychoco@ms15.hinet.net
排　版　者：辰皓國際出版製作有限公司
印　刷　者：辰皓國際出版製作有限公司
初版一刷：2020 年 8 月
初版三刷：2022 年 8 月
I S B N：978-986-191-917-1
定　　　價：新台幣 300 元